Leopold Kupelwieser

Die Kämpfe Österreichs mit den Osmanen vom Jahre 1526 bis 1537

Leopold Kupelwieser

Die Kämpfe Österreichs mit den Osmanen vom Jahre 1526 bis 1537

ISBN/EAN: 9783743415249

Hergestellt in Europa, USA, Kanada, Australien, Japan

Cover: Foto ©ninafisch / pixelio.de

Weitere Bücher finden Sie auf **www.hansebooks.com**

Die Kämpfe

Oesterreichs mit den Osmanen

vom Jahre 1526 bis 1537.

Von

L. Kupelwieser

k. u. k. Feldmarschall-Lieutenant.

Mit 5 Karten-Skizzen und einer Beilage.

WIEN und LEIPZIG

WILHELM BRAUMÜLLER

K. U. K. HOF- UND UNIVERSITÄTS-BUCHHÄNDLER

1899.

Druck von Friedrich Jasper in Wien.

Vorwort.

Interesse für die Geschichte der Türkenkriege veranlasste mich, die Einfälle der Türken in die österreichischen Erbländer, welche der Schlacht bei Mohács in den nächsten Jahren folgten, eingehender zu beschreiben, und diese meine Arbeit, mit Rücksicht auf die günstige Aufnahme, welche meine »Kämpfe Ungarns mit den Osmanen bis zur Schlacht bei Mohács 1526« vor drei Jahren fanden, der Oeffentlichkeit zu übergeben. Ich hoffe in dieser meiner Arbeit: »Die Kämpfe Oesterreichs mit den Osmanen vom Jahre 1526 bis 1537« ein ziemlich ausführliches und zusammenhängendes Bild der Ereignisse dieser Jahre gegeben zu haben, sehe mich aber auch genöthigt, eine neue Ausgabe der »Kämpfe Ungarns« erscheinen zu lassen, in welcher, um Wiederholungen zu vermeiden, den Verhältnissen Oesterreichs, soweit sie von jenen Ungarns nicht zu trennen sind, volle Rechnung getragen wird.

Wien im August 1898.

Der Verfasser.

Inhalts-Uebersicht.

Karten-Skizzen im Satze.

Beilage.

Meldeman's Rundsicht der Belagerung von Wien im Jahre 1529.

Erstes Capitel.

Nach dem Tode des Kaisers Maximilian, der auf der Reise von Innsbruck nach Wien am 12. Januar 1519 zu Wels plötzlich einem hitzigen Fieber erlegen war, gieng der Besitz des Hauses Habsburg, dem Gewohnheitsrechte entsprechend, an seine beiden Enkel über: an Karl, der bereits im Besitze von Spanien, Neapel und Sicilien, der burgundisch-niederländischen Gebiete und der neu entdeckten Länder in Amerika war, und an Ferdinand.

Obwohl Maximilian alles vorbereitet zu haben glaubte, um seinem Enkel Karl die Nachfolge auf dem Kaiserthrone zu sichern, gelang es erst im Juni 1519, nach Ueberwindung mancher Schwierigkeiten und dem Aufgebote grosser Summen, dessen Wahl zum deutschen Kaiser gegen den mächtigsten Bewerber, König Franz 1. von Frankreich, durchzusetzen. Zwischen den beiden Brüdern kam es nun zu einem Vergleiche, der erst 1522 vollständig ausgetragen wurde; demzufolge sollten die Besitzungen getrennt und zwei Linien, die spanische und die deutsch-österreichische, gebildet werden.

Dem jüngeren Bruder Ferdinand, der mit Anna, der Schwester König Ludwig's II. von Ungarn und Böhmen, vermählt war, fielen Oesterreich, Steiermark, Kärnten, Krain, die windische Mark, Istrien, Tirol und die Vorlande zu, während dem Kaiser Karl V., dem Haupte der Familie, das spanisch-burgundische Erbe verblieb.

Wie schon das Streben Kaiser Maximilian's dahin gerichtet war, dem Vorschreiten der Osmanen gegen die christlichen Länder Einhalt zu thun, so musste dieses Streben bei dem raschen Fortschritte der osmanischen Macht jetzt umso wichtiger erscheinen. Nicht allein um Ungarn zu schützen und den verwandtschaftlichen Pflichten zu entsprechen, schon um seine eigenen Länder vor dem Einbruche der räuberischen Horden zu bewahren, hatte Oesterreich schon seit Jahren Massregeln zur Abwehr derselben ergreifen müssen.

Als nun nach der für Ungarn so unglücklichen Schlacht bei Mohács am 26. August 1526 durch den Tod des Königs Ludwig II. der Thron von Ungarn und Böhmen erledigt war, machte Erzherzog Ferdinand, als Gemahl von Ludwig's Schwester Anna, zufolge der wiederholt geschlossenen Erbverträge ¹) sein Erbrecht in beiden Ländern geltend. In Böhmen wurde er auch bald als König anerkannt und am 27. Februar 1527 zu Prag gekrönt. Schwieriger gestalteten sich die Verhältnisse in Ungarn.

In dem ehrgeizigen und gewissenlosen Statthalter Siebenbürgens, Johann Zápolya, der sich von seiner Partei schon im November 1526 zu Stuhlweissenburg zum König ausrufen und krönen liess, war dem Erzherzog ein beachtenswerter Gegner erwachsen, doch leitete die Königin-Witwe Maria, welche ohne Rücksicht auf ihr eigenes Wohl, nur die Interessen ihres Hauses im Auge hatte, und in jeder Weise für ihren Bruder thätig war, auch Zápolya's Antrag, sie zu heiraten, entschieden zurückwies, die Verhandlungen mit den ungarischen Grossen mit vielem Geschick, und es gelang ihr auf dem Landtage zu Pressburg am 17. December 1526, die Wahl Ferdinand's zum König von Ungarn durchzusetzen.

Mit Hilfe seines Bruders, des Kaisers Karl V., sammelte Ferdinand ein nicht sehr zahlreiches, aber gut geschultes Heer unter dem Befehle des Markgrafen Casimir von Brandenburg-Kulmbach, mit dem er nach Ungarn eindrang und schon am 22. August 1527 seinen Einzug in Ofen hielt. Nach des Markgrafen Erkrankung ²) übernahm Niklas Graf Salm den Befehl. Der Gegenkönig Johann Zápolya, dessen Heer

---

¹) Kaiser Friedrich III. erhob schon nach dem Tode des Königs Ladislaus Posthumus Erbansprüche für das Haus Habsburg, die Kaiser Maximilian I. nach dem Tode des Königs Matthias Corvinus erneuerte. Erbverträge wurden dann zwischen König Wladislav II. und Kaiser Maximilian I. auf dem Pressburger Landtage 1491 geschlossen, und dann 1506 und 1515, und endlich gelegentlich der Wechselheirat zwischen den Erben beider Regenten erneuert.

²) Markgraf Casimir erlag seiner Krankheit noch während des Feldzuges am 21. September 1527.

bei Tarczal geschlagen und fast vernichtet worden war, zog sich nun
nach Siebenbürgen zurück, während in Croatien das Heer Christoph
Frangepan's, der anfangs für Ferdinand, dann aber für Zápolya
Partei ergriffen hatte, sich verlief, nachdem dieser am 26.
September 1527 bei Warasdin tödlich verwundet worden war.
Alle diese Erfolge Ferdinand's konnten auf die Stimmung in
Ofen nicht ohne Einfluss bleiben; seine Wahl zum König wurde auf dem
Landtage daselbst am 7. October bestätigt und seine Krönung erfolgte
am 3. November 1527 zu Stuhlweissenburg. Ferdinand's Anhänger
wurden nun mit Gütern beschenkt, während Zápolya als Feind des
Vaterlandes erklärt und seine Parteigenossen mit der Strafe des Hoch-
verrathes bedroht wurden, wenn sie nicht binnen drei Wochen vor
dem König erscheinen würden.

Was die Kaiser Friedrich III. und Maximilian I. schon lange
angestrebt hatten, die Erwerbung Ungarns und Böhmens für das Haus
Habsburg, war endlich erreicht. Ob die Vereinigung dieser Reiche mit
Oesterreich eine bleibende sein würde, vermochte damals kein Mensch
vorauszusehen. Darüber durfte man sich jedenfalls keiner Täuschung
hingeben, dass noch grosse Schwierigkeiten zu überwinden sein würden.
Denn nicht die Ueberzeugung, dass die Verbindung dieser drei Länder-
gruppen allen zum Vortheil gereichen würde, hatte dieselbe herbei-
geführt, sondern das Interesse einflussreicher Persönlichkeiten, persön-
liche Sympathien und Antipathien hatten die Wahl des Erzherzogs
Ferdinand zum König von Ungarn und Böhmen bewirkt. Dass die
Gründung einer kräftigen Monarchie an der mittleren Donau angesichts
der von den Türken fortdauernd drohenden Gefahren geradezu eine
Lebensfrage für Mitteleuropa sei, sahen gewiss nur wenige von den
massgebenden Persönlichkeiten ein. Wie die böhmischen Stände darüber
dachten, zeigt ihr Beschluss, dem König vorstellen zu lassen, dass sie
es für nützlicher hielten, wenn er nicht König von Ungarn wäre, weil
der Schutz dieses Reiches gegen die Türken ungeheure Kosten ver-
ursachen würde. In Ungarn war der Hass gegen die Deutschen in
weiten Kreisen lebendig, und gar viele dachten im Innern, dass sie
lieber den Türken als jenen unterthan sein möchten. Es bedurfte
daher noch grosser Anstrengungen und umsichtigen Vorgehens, wenn
es gelingen sollte, den Gegenkönig Zápolya ganz aus Ungarn zu verdrängen, das Reich gegen die Türken zu schützen, und das Misstrauen
gegen das Haus Habsburg, mit dem man die Herrschaft der Deutschen
identificierte, zu überwinden. [3])

---

[3]) Huber, »Geschichte Oesterreichs«. III. Band, S. 563.

Nachdem Zápolya, durch die Einwohner Siebenbürgens aus dem Lande vertrieben, in Oberungarn seines Anhanges beraubt und genöthigt war nach Polen zu fliehen, entschloss er sich, die Unterstützung des Sultans Suleiman II. anzusuchen. Dass dieser ihm nicht aus Liebe zu seiner Person Hilfe leisten, sondern den Thronstreit nur benützen würde, um Ungarn, wenn auch nicht ganz zu unterjochen, so doch zu einem Vasallenfürstenthum wie die Walachei und die Moldau zu machen, war vorauszusetzen.

Dass Johann Zápolya, selbst wenn es ihm gelang, Ferdinand ganz aus Ungarn zu verdrängen, im Stande sein würde, sich aus der erdrückenden Umarmung seines Beschützers zu befreien, glaubte er selbst nicht. Nur das Streben, die Krone Ungarns zu behaupten und sich an seinem Gegner zu rächen, liessen ihm die Gefahr, welche er dadurch über sein Vaterland heraufbeschwor, vergessen. Er verschmähte schliesslich auch nicht, die Hilfe der Türken selbst mit dem Ruine seines Vaterlandes zu erkaufen!

Obwohl ein eigentlicher Kriegszustand seit der Schlacht bei Mohács zwischen der Türkei einerseits und den nun vereinigten österreichisch-ungarischen Ländern nicht bestand, währten die Raubzüge an der Grenze ununterbrochen fort. Noch während des Jahres 1527 hatten die Türken sich in Croatien festgesetzt und sich der Schlösser Udbin, Corbava, Modrus und Posega, das vorübergehend auch der Sitz eines Sandschaks wurde, bemächtigt.

Krain, das die Türken in kürzester Zeit erreichen konnten, war nun zunächst ihren Einfällen ausgesetzt. Die Sendung des Blas Radosic aus Möttling an den Pascha von Belgrad, um ihn von der Unterstützung Zápolya's abzubringen und durch Ueberbringung eines Geschenkes von 6000 Ducaten zu friedlichem Verhalten zn bewegen, scheiterte an der Unterstützung, die der Sultan dem Zápolya in Ungarn bereits gewährte.

Auch nach Dalmatien fielen die Türken aus Bosnien wieder ein, sie nahmen die festen Plätze Obrovaza und Vrana, und belagerten die Festung Clissa unweit Spalato, zogen aber bald ab, ohne sie einzunehmen.[1]

Im folgenden Jahre (1528) hatte Krain vier Türkeneinfälle zu erleiden. Obwohl schon am 1. Februar vom Ban von Croatien die Nachricht an den Landeshauptmann von Krain, Niklas Thurn, ge-

---

[1] Die Türken sollen einen Riesen bei sich gehabt haben, welcher zum Zweikampf herausforderte. Nachdem ein Söldner Namens Milos Parisevich der Forderung folgte und den Kampf glücklich bestand, zogen die Türken wieder ab.

langte, dass Türken aus Bosnien im Anzuge seien, konnte das anbefohlene Aufgebot von 60 Reitern und einigen hundert Bauern unter dem Abt von Sittich und Bernhard Ritschau nebst einigen Adeligen nicht hindern, dass am Morgen des 9. März bei 1000 Reiter brennend und plündernd vor Adelsberg eintrafen, ehe der Pfleger die für Einfälle verabredeten Alarmsignale abgeben konnte. Durch das sich sammelnde Aufgebot vom weiteren Vordringen abgeschreckt, kehrten sie, einige hundert Gefangene mitführend, über Zirknitz, Reifnitz und Gottschee zurück und übersetzten am 12. März bei Kosstel die Una. Unterwegs, bei Schilchentabor, nahmen sie noch florentinischen Kaufleuten ihre Waren ab. In Kosstel blieben gegen 500 Türken im Hinterhalte zurück und fielen wieder in Gottschee ein, von wo sie bei hundert Gefangene von der Feldarbeit fortschleppten.

Der Landeshauptmann berichtete über diesen Einfall an den König, er hob die Nutzlosigkeit des bäuerlichen Aufgebotes hervor, »das nicht standhalte und mit dem keine Ehre zu erjagen wäre«, und schilderte die Nothwendigkeit der Aufstellung eines Kriegsvolkes, d. i. besoldeter Berufssoldaten, sowie die Unzulänglichkeit des Kundschaftswesens. König Ferdinand entgegnete auf diese Klagen, das Geld für den Kundschaftsdienst sei längst angewiesen; wegen der nothwendigen Vertheidigungsanstalten wolle er sich mit dem Landeshauptmann berathen, doch könne er jetzt aus dem Kammergute keine Hilfe leisten, und erwarte, dass die Stände das Ibrige thun werden. Den Bauern im croatischen und windischen Lande wolle er befehlen, dass sie mit den auf königliche Kosten erhaltenen Reitern dem Lande Krain zu Hilfe kommen. Auch für die Grenzflecken Wichitsch (Bihács) [5] und Repitsch habe der König Vorsorge getroffen; auch hoffe er auf dem Reichstage zu Regensburg Hilfe gegen die Türken zu erlangen und damit nicht nur seine Länder zu schützen, sondern auch dem Feinde in seinem eigenen Lande entgegentreten zu können.

---

[5] Die Grenze zwischen Bosnien und Croatien bildete die Save und Una. Von Sissek bis an das Adriatische Meer waren zahlreiche Schlösser und kleine befestigte Punkte, die Ferdinand schon vor 1526, soweit es möglich war, in die Vertheidigung der eigenen Länder einbezogen hatte. Valvasor nennt 34 solche Grenzorte, welche zeitweise mit von Oesterreich beigestellten Truppen besetzt wurden, und ein fortwährender Anlass des kleinen Krieges waren. Sie wechselten nicht selten ihren Herrn, oder verfielen auch ganz, so dass ihre Lage jezt manchmal kaum mehr zu bestimmen ist. Im Jahre 1595, als Leukovic zum selbstständigen Grenz-Obersten ernannt wurde, zählte man vom Meere bis zum Zusammenfluss der Save und Una 55 solche Grenzorte, welche später nebst den Ansiedlungen in Sichelburg den Grundstock zur Organisierung der Militärgrenze bildeten, die sich bis zum Jahre 1872 erhielt.

Die Stände sahen sich somit vorläufig wieder auf ihre eigenen Kräfte angewiesen. Der Ende März versammelte Ausschuss derselben, bestellte nun auf eigene Kosten die sofortige Aufstellung von 400 »gerüsteten Pferden«, sogenannten »Provisionern«. d. i. gegen Lohn aufgenommene schwere Reiter, dann von 200 croatischen Pferden. d. i. leichten Reitern, und von 200 »Martolosen« [6]) für die Kundschaft. Zum Feldhauptmann ernannten sie den Bernhard Ritschan. Als Viertelmeister wurden Heinrich Wernecker für Unterkrain mit dem Sammelorte Tschernembl, und Niklas Rauber für den Karst mit dem Sammelorte Adelsberg bestimmt. Auch für die Grenzorte Wichitsch und Bründl wurde angemessen gesorgt, und zur schnellen Verbreitung von Nachrichten für die Kreidfeuer und Kreidschüsse neue Anordnungen getroffen. Die Schnelligkeit der türkischen Reiter sollte nur zu bald die zum zweitenmal getroffenen Vertheidigungsanstalten als ungenügend erscheinen lassen.

Kaum ergieng am 8. Juli 1528 von Seite des Landeshauptmannes ein Aufruf, in welchem ein bevorstehender Einfall der Türken bekanntgegeben wurde, so erschienen am 9. schon bei 6000 Mann derselben, die ihren Weg über Kosstel, Gottschee, Reifnitz und Auersperg genommen hatten, auf dem Iglerfelde, und bezogen unweit Laibach, bei Marein, ein Lager. Eine vom Landeshauptmann von Laibach aus unternommene Recognoscierung ergab, dass mit den vorhandenen Kräften gegen die Uebermacht des Feindes nichts auszurichten wäre. Streifende Türkenhaufen zogen nun von Marein über die Save gegen Mannsberg nach Littau, Seifenberg und Sittig. Als der Feldhauptmann Ritschan mit dem indessen gesammelten Aufgebot am 10. Juli ihnen folgen wollte, erhielt er die Nachricht, dass sie in der Nacht schon abgezogen wären. Bei Reifnitz holte er sie ein, wagte aber nicht mehr, sie anzugreifen. Aufgebot sowohl, als die Provisioner hatten sich schnell genug eingefunden; sie waren jedoch zu schwerfällig den leichten türkischen Reitern gegenüber, und zu gering an Zahl gegen deren mehrfache Uebermacht.

Da ein neuer Einfall nur zu bald zu erwarten war, wandten sich die Stände von Krain abermals an den König, und auch an die Nach-

---

[6]) »Martolosen« nannte man schon im XV. Jahrhundert die wenigen im türkischen Heere dienenden christlichen Söldner, welche, in kleine Abtheilungen zusammengestellt, den Janitscharen einverleibt waren. Das Wort »Martolos« bedeutet soviel wie Räuber oder Buschritter und die Martolosen sollen dieser Bedeutung auch entsprochen haben. Später gieng der Name auf alle nicht osmanischen Freiwilligen des türkischen Heeres und endlich auch auf jene christlichen Freiwilligen über, die über die türkische Grenze flüchteten und dann Kriegsdienste leisteten.

barländer um Hilfe. Die Kärntner sandten 500 Fussknechte unter dem Hauptmann Christof Saller, die Steirer 300 Reiter und 700 gerüstete, d. h. mit Feuergewehren ausgerüstete Fussknechte unter den Hauptleuten Abel von Holneck und Stephan Graswein, und aus Görz kam Fussvolk unter Niklas von Thurn. Oberösterreich sandte einen Geldbeitrag, während Niederösterreich sowie Tirol sich ablehnend verhielten und auf die künftige Berathung bei einer allgemeinen Landesversammlung hinwiesen. Auch aus Croatien zogen die Grafen Wolf und Christof Frangepan aus Bründl und der Graf von Krabau (»Corbaria«) mit 80 leichten Reitern herbei. Das Fussvolk der Landschaft war in Rudolfswerth, Möttling und Landstrass vertheilt. Zum Hauptmann der Bauernschaft wurde Friedrich Paradeiser bestellt, während Bernhard Ritschan den Oberbefehl über die ganze Streitmacht führte.

Es währte auch nicht lange, so fand der dritte Einfall der Türken nach Krain im Jahre 1528 statt. Schon am 2. October hatte der Hauptmann von Zengg und Graf von Clissa, Peter Krusić, das Anrücken derselben gegen Ottočać gemeldet. Diesmal nahmen sie den Weg über Möttling, wohin auch das Aufgebot beordert worden war. Auf der Strasse zwischen Laibach und Möttling, unweit Neustadtl (Rudolfswerth?) trafen die gesammten Streitkräfte des Landes mit den Türken, die man auf 5000 Mann schätzte, zusammen. Der Kampf währte zwei Stunden, bis der Einbruch der Nacht demselben ein Ende machte. Die Türken wurden in die Flucht geschlagen und von den Reitern verfolgt. Als der Anführer der Türken seine Sache verloren gab, befahl er die Gefangenen zu tödten, doch sollen nur die älteren Leute niedergemacht, die jüngeren aber fortgeschleppt worden sein. Der Verlust der Türken betrug an 700 Todte und Verwundete nebst vielen Gefangenen, während jener des christlichen Volkes unbedeutend war.

Noch ein vierter Einfall erfolgte am Freitag nach Allerheiligen, den 3. November. Eine Raubschar überschritt die Kulpa unterhalb Möttling und drang bis in die Gegend am Gurkfluss vor, wo sie der Pfleger von Maichau, Hans Pülcher, mit 30 leichten Reitern angriff, 16 Türken tödtete und 26 Pferde erbeutete. Schon am folgenden Tage zogen die Türken schleunigst ab, um nicht durch die in Folge heftiger Regengüsse angeschwollene Kulpa abgeschnitten zu werden.

Der letzte Besitz Ungarns in Bosnien, die Stadt Jajcze mit ihrer Umgebung, welche vom Ban Keglević an König Ferdinand übergeben worden war, gieng nun auch an die Türken verloren. Schon zu Anfang des Jahres 1528 erschienen dieselben unter Führung der Paschas von Bosnien und Semendria. Usrevbeg und Jahioghli, vor Jajcze, das, ungenügend ausgerüstet und von Lebensmitteln entblösst, mit österreichischer Besatzung versehen war. und von dem Befehlshaber Gorbonogh schon nach zehntägiger Beschiessung gegen freien Abzug der Besatzung an die Türken übergeben wurde; ausnahmsweise wurde diese Bedingung auch eingehalten. Mit Jajcze zugleich fielen auch die Reste des gleichnamigen Banates mit Banjaluka, das von Radović ohne Vertheidigung übergeben wurde. Wenn eine heldenmüthige Vertheidigung dieser beiden Plätze auch wenig Erfolg versprach und ein Entsatz auch weder von Croatien noch von Krain aus zu erwarten war. so blieb den Befehlshabern derselben doch der Vorwurf der Feigheit nicht erspart.

Die Nothwendigkeit, eine stehende Besatzung in Krain und an der croatischen Grenze zu erhalten. wurde nun abermals in Erwägung gezogen. Anfangs 1529 verlegte auch König Ferdinand 1500 spanische Fussknechte nach Krain, die meist zur Besetzung der verschiedenen Grenzorte verwendet und vom König gezahlt wurden. Um die Mittel zur Vertheidigung aufzubringen, wurden nebst Krain auch Kärnten und Steiermark beigezogen und in allen österreichischen Erbländern ein Theil der Kirchenkleinodien zu Geld gemacht. Manche Grenzorte wurden nun auch neu befestigt und ausgerüstet. Die Wiedereroberung des an die Türken verlorenen croatischen Schlosses Udbin, welche der König wünschte. erklärten die Stände wegen Mangel der nöthigen Geschütze nicht unternehmen zu können.

Während dieser Vorgänge an der Grenze dauerten die Bestrebungen Ferdinand's. seine Herrschaft in Ungarn auszudehnen und zu festigen, mit wechselndem Erfolge fort. Grössere Einfälle der Türken nach Krain und Croatien unterblieben während des Jahres 1529. da schon zu Beginn desselben in Constantinopel die Vorkehrungen für einen Zug durch Ungarn nach Wien. und selbst bis in das Herz Deutschlands. welchen Suleiman schon seit Jahren plante. getroffen wurden. Der kleine Krieg — gegenseitige Raubzüge — war an der Grenze jedoch fortdauernd an der Tagesordnung. So berichtet Jurischitsch aus Möttling am 24. August 1529 über einen Streifzug des Grafen von Szyrin (Zrinyi) nach Bosnien. dem wieder ein Einfall von 200 Türken in Krain folgte. die mit einigen Verlusten zurückgetrieben wurden.

Zápolya hatte den Hieronymus Lasky. einen polnischen Edelmann. der sich seinem Dienste weihte. nach Constantinopel geschickt.

um über ein Bündnis mit dem Sultan zu verhandeln. Lasky traf am 22. December 1527 dort ein und fand die Unterstützung des Ludovico Gritti[7], der sich durch seine Kenntnisse der abendländischen Verhältnisse das vollste Vertrauen des Grossveziers Ibrahim erworben hatte.[8] Ueber die Ansichten der Pforte konnte Zápolya's Gesandter bald Gewissheit erlangen. Die Anforderung, ein Bündnis mit Zápolya einzugehen, wurde anfangs mit Spott und Hohn aufgenommen und ihm jedes Recht auf ein Land abgesprochen, welches man vermöge des wenn auch nur vorübergehenden Besitzes als Eigenthum des Sultans betrachten müsse. Bald aber fand man, dass es von Vortheil wäre, sich in einem von Parteien zerrissenen Lande der schwächeren zu bedienen, um mit ihrer Hilfe in den Besitz des Ganzen zu gelangen. Lasky, ein gewandter und schlagfertiger Diplomat, liess nichts unerwähnt, was geeignet erscheinen konnte, den Wert eines Bündnisses mit Zápolya für die Pforte in ein möglichst günstiges Licht zu stellen. Seine Bemühungen wurden auch von Erfolg gekrönt, denn der Sultan begriff, dass für ihn nichts günstiger sein konnte, als wenn er in Ungarn selbst einen Bundesgenossen gegen das Haus Habsburg fände, in welchem er das Haupthindernis für die Ausbreitung der türkischen Macht nach Westen sah. In einer Audienz, die Lasky am 27. Januar 1528 gewährt wurde, erklärte der Sultan, dass er Ungarn, welches er durch seinen Säbel und das Recht des Krieges erworben habe, an Zápolya abtrete, und ihm gegen Ferdinand von Oesterreich beistehen werde, wogegen Lasky schwur, dass sein König immer der Freund seiner Freunde und der Feind der Feinde des Sultans sein würde. Am 29. Februar 1528 wurde ihm die Bundesurkunde eingehändigt und auch gleich die Rüstungen zu einem Zuge nach Ungarn angeordnet.

Um nicht vom Sultan allein abzuhängen, suchte Zápolya auch Verbindungen mit England, Frankreich und mit deutschen Reichsfürsten; doch nur Frankreich, von dem Zápolya schon bisher mit Geld unterstützt wurde, zeigte sich geneigt, ein Bündnis einzugehen und zur Eroberung Ungarns monatlich 20.000 Goldthaler zu zahlen. Auch

---

[7] Ludovico Gritti war der natürliche Sohn des ehemaligen Gesandten bei der Pforte und nunmehrigen Dogen Andrea Gritti. Charakterlos und geldgierig, reichte das Versprechen, ihm die Einkünfte des reichsten Bisthumes in Ungarn, Grosswardein, und ein Jahrgeld von 4000 Ducaten zu verschaffen, hin, ihn für die Sache Zápolya's zu gewinnen.

[8] Ibrahim, der Sohn eines Fischers an der griechischen Küste, wurde als Kind von Seeräubern geraubt und gelangte seiner Schönheit und seiner musikalischen Talente wegen in den Besitz des Sultans, der ihn mit Gunstbezeugungen überhäufte. Er wurde dessen Vertrauter und Freund, und endlich als Grossvezier dessen Schwager.

wurde Zápolya noch ausgiebigere Unterstützung versprochen, wenn er sich verpflichte, nicht nur den Krieg gegen Ferdinand fortzusetzen, sondern auch nach dessen Besiegung die Franzosen in Italien mit Truppen zu unterstützen, und, im Falle er ohne Leibeserben sterben sollte, einem französischen Prinzen die Nachfolge in Ungarn zu sichern. Ferdinand musste, um mit Erfolg gegen Ungarn auftreten zu können, dahinstreben, den Sultan zum Frieden, oder doch zu einem mehrjährigen Waffenstillstand zu bewegen. Wenn Ferdinand auch schon im April 1527 sicheres Geleite für eine Botschaft verlangt hatte, so schickte er doch erst im Frühjahre 1528 den Ungarn Johann Hobordancz in Begleitung des Krainers Sigmund Weichselberger an den Sultan, um den Abschluss eines Friedens und die Herausgabe einer Reihe von Grenzfestungen zu verlangen. Die Gesandten Ferdinand's trafen erst am 29. Mai 1528, nachdem der Vertrag zwischen dem Sultan und Zápolya bereits abgeschlossen war, in Constantinopel ein, wo sie ehrenvoll empfangen und am dritten Tage zur Audienz zugelassen wurden; einen Erfolg hatten aber alle ihre Verhandlungen nicht. Der Sultan verlangte vor allem die Räumung Ofens und ganz Ungarns, worauf man erst mit Ferdinand über Deutschland verhandeln könne. Schliesslich trug der Sultan in der am 28. Juni bewilligten Abschiedsaudienz den Gesandten höhnend auf, ihrem Herrn zu sagen, dass er selbst mit aller seiner Macht zu ihm kommen werde, um in eigener Person die verlangten festen Plätze zurückzustellen. Eine schriftliche Antwort wurde den Gesandten versprochen, doch wurden sie vorläufig auf Betrieb der venetianischen Botschaft, welche sie als Spione hinstellte, in enger Haft gehalten und erst im November entlassen.

Es gelang Zápolya, der in Polen vom Adel unterstützt wurde und einige Truppen angeworben hatte, einen Einfall in Oberungarn zu unternehmen, wo er grossen Anhang fand. Bei der Burg Száros-Patak schlug er am 25. September 1528 die Truppen Ferdinand's mit einem Verluste von 500 Mann. So unbedeutend dieses Treffen auch war, so hatte Zápolya doch den Erfolg, dass er nun wieder in Ungarn vorzudringen wagte, wo sich ihm allerhand Volk anschloss. Den Truppen Ferdinand's ausweichend, gieng er hierauf über Debreczin und Grosswardein nach Mako, wo er mit Mehmedbeg, dem Pascha von Semendria, der ein Heer zu seiner Unterstützung bereit hielt, eine Zusammenkunft verabredet hatte. Da der Befehlshaber von Temesvar die Uebergabe dieser Festung verweigerte, wollte Zápolya, gedeckt durch die Nähe der Türken, die Ankunft des Sultans in Lippa abwarten.

Während Ferdinand, dem Mangel an Geld die dauernde Unterhaltung von Truppen sehr erschwerte, die anfangs errungenen Vortheile nicht ausnützen konnte, unterliess Zápolya nichts, um die Ungarn gegen ihn aufzureizen, wobei ihm der Paulinermönch Georg Utisenovich (auch Martinusius und Martinuzzi genannt) vorzügliche Dienste als Agent leistete.[9]

Auf die Nachricht, dass der Sultan mit Zápolya ein Bündnis geschlossen habe und ihm mit einem Heere zu Hilfe kommen werde, während Ferdinand weder die Anhänger seines Rivalen zu unterdrücken und die Ruhe im Innern herzustellen, noch das Land gegen die Türken zu schützen vermochte, gieng das Vertrauen zu letzterem gänzlich verloren. Zahlreiche Edle, die sich ihm früher angeschlossen hatten, trugen nun, als ihn das Glück verliess, kein Bedenken abzufallen. Der Parteikampf im östlichen Ungarn wie in Siebenbürgen und in Croatien entbrannte nun mit neuer Heftigkeit, und die Ausschreitungen der oft nicht bezahlten Truppen trugen nicht wenig dazu bei, die Abneigung der Ungarn gegen Ferdinand's Herrschaft zu verstärken.

Um in seinen anderen Ländern und auch in Deutschland die Mittel zum Kriege zu erhalten, hatte Ferdinand selbst Ungarn schon im März 1528 verlassen. So viel ihm auch an Truppen und Geld zugesichert wurde, so waren die gewährten Mittel doch zu gering und flossen zu langsam ein, um ein grösseres Heer aufzustellen, ja um auch nur die in Ungarn stehenden Truppen zu bezahlen und genügend auszurüsten. Weder gegen Zápolya vermochte man etwas Ernstliches zu unternehmen, noch die Festungswerke in Vertheidigungszustand zu setzen. Die Stimmung in Ungarn, wo man sich Ferdinand gerade deshalb unterworfen hatte, weil man von ihm Schutz ohne eigene Anstrengung erwartete, wurde immer schlechter, als man sich in dieser Hoffnung getäuscht sah. Seine Anhänger verloren das Vertrauen zu seiner Macht und klagten ihn der Wortbrüchigkeit an; seine Gegner wünschten sogar die Türken herbei.

---

[9] Georg Utisenich, auch Utiesenovich, und nach dem Bruder seiner Mutter, eines Bischofs von Skardona, Martinusius oder Martinuzzi, gewöhnlich auch nur Bruder Georg genannt, war früh in ein Paulinerkloster in Polen getreten. Aeusserst ehrgeizig und ränkevoll, erwarb er sich das Vertrauen Zápolya's während seines Aufenthaltes in Krakau und später das seiner Witwe. Im Jahre 1534 wurde er zum Bischof von Grosswardein, und als er zu Ferdinand's Partei übertrat, zum Primas und zum Cardinal ernannt, endlich aber 1551, als er sich des Verrathes verdächtig machte, auf Befehl Castaldo's zu Alvinz in Siebenbürgen ermordet.

Als die Gesandten König Ferdinand's endlich aus Constantinopel entlassen wurden, waren alle Vorkehrungen zum Abmarsche des türkischen Heeres getroffen. Wie zum Hohne für die Gesandten wurde am 18. März 1529, drei Tage vor ihrem Abgang, die Ernennung des Grossveziers Ibrahim zum Serasker, d. i. zum obersten Feldherrn, mit unerhört hohen Einkünften und mit ganz aussergewöhnlichen Vollmachten und Ehrungen kundgemacht, und demselben zugleich die Beglerbegschaft von Rumili verliehen.

Das türkische Heer war im XVI. Jahrhundert sowohl durch seine Grösse, wie durch seine trefflichen Einrichtungen in seiner Art allen Heeren der christlichen Nachbarstaaten weit überlegen. In jedem der eroberten Länder waren für die Krieger zahlreiche Lehen (Timar) geschaffen worden, von denen jedes einen oder mehrere Reiter zu stellen hatte. Nach der Eroberung Aegyptens und Syriens konnte leicht eine Macht von 100.000 Mann regulärer Reiterei -- Sipahi — aufgestellt werden. Den Kern des türkischen Fussvolkes bildeten die Janitscharen: sie ergänzten sich durch regelmässige Aushebung der kräftigsten Christenknaben in den eroberten Ländern, und durch die von Raubzügen eingebrachten Knaben, welche in harter Arbeit und strenger Zucht zum Kriegsdienste herangebildet wurden. Ihre Stärke belief sich unter Suleiman auf 15.000 Mann. Bis zu Suleiman's Zeiten war den Janitscharen das Heiraten verboten; die Aufhebung dieses Verbotes führte dann die Einreihung ihrer Kinder in die Truppe herbei und förderte sehr ihren Verfall. Weiters kamen hinzu die Piade oder Jahza, d. i. Fusstruppen in der Stärke von mehr als 80.000 Mann, die von den Sandschaks beigestellt und erhalten wurden. Als Stamm der Geschützbedienung fanden sich meist Renegaten — Ungarn, Serben und Italiener —, denen die Ausbildung der Artillerie oblag. Es bedurfte daher nur eines Befehles des Sultans, so stand ein zahlreiches, zum Kriege vorbereitetes Heer zu Pferde und zu Fuss bereit, das im letzten Augenblicke durch Anwerbung leicht noch vermehrt werden konnte. Diesem schloss sich weiters in unbestimmter Zahl die Schar der »Akindschi«, das ist Streifer, an, ihrer Schnelligkeit und Grausamkeit wegen die »Renner und Brenner« genannt, die vom Raube lebten.[10]

────

[10] Die »Akindschi«, von den Deutschen »Renner und Brenner« und auch »Sakman« (eine oft auch für die Türken im allgemeinen angewendete Bezeichnung) genannt, wurden von den Italienern »Quastatori«, d. i. Verwüster, und von den Franzosen »faucheurs« und »ecocheurs«, d. i. Mäher und Schinder, genannt.

In Oesterreich hieng das Heerwesen zumeist von den Ständen ab, die auf bestimmte Zeit ein Landesaufgebot oder eine Anzahl anzuwerbender Knechte bewilligten. Die gesammten waffenfähigen Männer wurden wohl nur ausnahmsweise in den meistbedrohten Gegenden aufgerufen; es waren dies zusammengeraffte Haufen, die mit den Türken sich nicht messen konnten. Reiterheere, früher vom Adel gebildet, hatten seit dem Aufkommen der Feuerwaffen immer mehr an Bedeutung verloren, und nur ausnahmsweise fühlten sich einzelne Adelige noch zum Kriegsdienste verpflichtet. Die Hauptrolle spielten nun Söldner, die erst im Kriegsfalle durch kriegserfahrene Führer auf bestimmte Zeit angeworben wurden; sie standen an Kriegstüchtigkeit den Türken nicht viel nach, doch forderte ihre Erhaltung grosse Summen, und an Geld fehlte es in den österreichischen Ländern stets. Die gewöhnlichen, von der Bewilligung der Stände unabhängigen Einkünfte des Landesherrn reichten kaum aus, die Kosten der Verwaltung und des Hofstaates, wie die Zinsen der immer mehr anwachsenden Schulden zu bestreiten. Die österreichischen Erbländer allein waren auch nicht umfangreich genug, um eine Macht, wie jene der Türken zur Zeit war, aufzuhalten.

Bis nun das nöthige Geld zur Anwerbung der Söldner aufgebracht war und bis sie angeworben wurden, vergieng oft so viel Zeit, dass der Feind schon lange im Land sein und verschiedene Vortheile errungen haben konnte, ehe noch Truppen zur Vertheidigung des Landes bereit standen. Nicht selten geschah es daher auch, dass im entscheidenden Augenblicke die Truppen, wenn der Sold nicht rechtzeitig gezahlt wurde, den Gehorsam versagten oder, wenn von den Reichsständen beigestellt, zurückgezogen wurden.

König Ferdinand war schon Ende 1528 vollkommen überzeugt, dass der nächste Kriegszug der Türken einem Angriffe auf Wien gelten werde. Fiel ihnen diese Stadt in die Hände, so war auch ihre Herrschaft über Ungarn entschieden. Die Macht der Osmanen, welche damals ihren Höhepunkt erlangt hatte, stand dann an den Grenzen des deutschen Reiches, das, politisch ohne festen Halt und jetzt auch durch die religiösen Wirren zerrissen, auf die Dauer kaum zu widerstehen vermocht hätte. Ferdinand meinte, Suleiman habe die Absicht, nach der Einnahme von Wien daselbst zu überwintern und im nächsten Frühjahr zur Unterwerfung Deutschlands zu schreiten.[1] Er bot daher

---

[1] In seiner Ansprache an die zu Speier 1529 versammelten Reichsstände, sowie in seinen Briefen an Kaiser Karl V. spricht Ferdinand diese Ansicht übereinstimmend mit den erhaltenen Kundschaftsberichten offen aus

auch alles auf. um sowohl die österreichischen Länder wie auch Deutschland zu ausgiebiger Hilfe herbeizuziehen.

In Deutschland verfolgte man das Anwachsen der habsburgischen Macht nur mit eifersüchtigen Blicken: von den Reichsständen war daher auch kaum mehr zu erwarten, als dass sie die zur Abwehr der ihnen unmittelbar drohenden Gefahr nöthige Hilfe gewährten, im übrigen aber es Oesterreich überliessen, sich in Ungarn festzusetzen. wenn sie nicht gar Bündnisse mit Zápolya gegen Oesterreich eingiengen.

Schon seit dem Frühjahre 1528 machte König Ferdinand alle Anstrengungen, um sich zum Widerstand zu rüsten. Ende März hatte er die mährischen Stände nach Znaim berufen, um ihnen die Gefahr für Mähren an das Herz zu legen und eine ausgiebige Türkenhilfe zu begehren; sie bewilligten 3000 Mann zu Fuss und 200 Reisige. Von da eilte er nach Prag. Ueber des Burggrafen Löw von Rosmital Vorstellung bewilligten die Stände 6000 Mann zu Fuss und 1000 Reiter. Im November fand ein Landtag in Wien statt. Dann verfügte sich der König nach Graz, und in der letzten Woche des Jahres nach St. Veit in Kärnten, und schliesslich nach Innsbruck, wo er bis Ende Januar 1529 weilte, um persönlich für eine ausgiebige Türkenhilfe anzueifern.

Von Innsbruck eilte der König zum Reichstage nach Speier, wo er bis 25. April verblieb. Die ihm feindlich gesinnten Fürsten, besonders die Herzoge von Baiern, bereiteten ihm hier erhebliche Schwierigkeiten; sie stellten die Grösse der Türkengefahr in Abrede und beantragten, dass vor der Beschlussfassung Kundschafter abgesendet werden mögen, um über den Anzug der Türken verlässliche Nachrichten zu erhalten. Sie meinten auch, dass Ferdinand den Krieg vermeiden könnte, wenn er sich entschliessen wollte, Ungarn ganz an Zápolya zu überlassen. Endlich wurde eine Reichshilfe bewilligt, jedoch in so beschränktem Masse, dass sie mit der Gefahr, welcher zu begegnen war, wohl nicht im Einklange stand, und selbst diese wurde an Bedingungen geknüpft, welche die Religionsfreiheit betrafen. Von Speier kehrte der König nach Linz zurück, um auch hier mit den Ständen zu verhandeln.

Als um die Mitte Juni der Kundschaftsbericht einlangte, dass die Spitze des türkischen Heeres an der Save angelangt sei, berief König Ferdinand die zur Leitung der Reichshilfe gewählten Fürsten nach Regensburg, wo er am 25. Juni eintraf. Die Führung der nun schleunigst einberufenen Reichshilfe wurde dem Pfalzgrafen Friedrich am Rhein. Herzog in Baiern, übertragen, der aber lang überlegte, ob er die Wahl zum Führer annehmen sollte, und vorher noch Abgeordnete nach Ungarn schickte, um zu erheben, ob das Anrücken der Türken auch gewiss sei. [12])

Auf dem mittlerweile nach Budweis einberufenen Landtag der Böhmen, bei dem der König am 9. Juli eintraf, wurde mit Rücksicht auf die grössere Gefahr auch eine weit grössere Hilfe als im Vorjahre bewilligt, welchem Entschlusse auch Schlesien und die Lausitz beitraten.

Für Niederösterreich wurde für den 12. Juni ein Landtag anberaumt, zu dem der Statthalter Georg von Puchheim und die Räthe Hans von Eibeswald und Felizian von Petschach entsendet wurden. In der denselben ertheilten Instruction [13]) wird in eingehender Weise die ausserordentliche Gefahr, welcher namentlich Oesterreich unter der Enns ausgesetzt ist, geschildert, und darauf hingewiesen, wie dringend nothwendig zu deren Abwehr eine ausgiebige Hilfe sei. Ferdinand betont darin, dass, falls aus den Ländern rechtzeitig ein genügender Zuzug von Kriegsvolk stattfinden sollte, »welchen wir ungeferlichen, und dennoch nicht zum höchsten auf ein 40 tausent zu fuss und 10 Tausent gerüsste pfärdt, ausserhalb deren wir aus unserem kunigreich Hungern gehaben mögen, anflahen«, der Feind in einer Schlacht zu bekämpfen wäre. Er hebt die gänzliche Unzulänglichkeit seiner eigenen Geldmittel hervor, darauf hindeutend, dass er nach dem Tode des Kaisers Maximilian die Kammergüter mit grossen Schulden überlastet gefunden habe, auch ihm »auf zurrichtung der Artollerey, Schiffung und Kriegsmunition, unnd fürsehung des profandt« unerschwingliche Kosten erwachsen, und diesfalls noch immer keine Minderung, wohl aber täglich eine Vermehrung der Auslagen sich ergebe. Er erklärt sich bereit, die Kammergüter auf das Aeusserste in Anspruch zu nehmen, die Landschaft möge ihm diesfalls ihre Ansicht und Anträge bekanntgeben. Ferdinand weist ferner darauf hin, dass er keine Mühe spare, und im letzten strengen Winter persönlich bei mehreren Landtagen anwesend gewesen wäre, für eine gemeinschaftliche Berathung aber keine Zeit mehr sei, »dieweil uns der Türgkh dermasse ubereyllt unnd so nahendt ist«.

Die Bemühungen Ferdinand's fanden aber bei den Landtagen wenig Entgegenkommen. Die von den Ländern im Ganzen bewilligte

[12]) »Friedrich von der Pfalz und die deutschen Hilfstruppen« in Kaltenbeck's Oesterreichischer Zeitschrift für Geschichte. 1836, S. 401.

[13]) Wiener Archiv 9 1592. »Instruction auf Oesterreich unter der Enns«, mitgetheilt im Not.-Blatt der Akad. d. Wissenschaften. Jahrgang 1858, S. 251.

Türkenhilfe betrug nicht mehr wie 349.000 Gulden, darunter von
Oesterreich ob und unter der Enns 80.000 Gulden,[14] während das Er-
fordernis auf vier Monate vom 1. Juni an auf mehr wie 645.000 Gulden
veranschlagt war.

Auch an Kaiser Karl V. wandte sich Ferdinand um Hilfe; dieser
war jedoch noch immer mit dem Papst, mit Frankreich und der Re-
publik Venedig im Kriege, welchen es um den Abschluss eines defini-
tiven Friedens nicht zu thun war. Mit Papst Clemens VII. kam endlich am 29. Juni, mit Frankreich der Friede von Chambray erst am
5. August zum Abschluss, viel zu spät, um die in Italien frei gewor-
denen Truppen des Kaisers noch rechtzeitig gegen die Türken verwenden zu können, wie es Ferdinand durch seinen Gesandten Nogaroli
verlangte.

Schliesslich richtete König Ferdinand auch ein Manifest an die
gesammte Christenheit, um sie zu Beiträgen für die Unterhaltung des
Heeres gegen die Türken aufzufordern.[15]

Noch im letzten Augenblicke entschloss sich Ferdinand, um die
Kriegsgefahr von seinen Ländern abzuwenden, zu dem Versuche, die
Pforte durch grosse Opfer zum Frieden zu bewegen. Ende Juli wollte
er den Niklas Jurischitsch als Gesandten an den Sultan schicken, und
gab ihm Vollmacht für einen Frieden, oder doch wenigstens zehn-
jährigen Waffenstillstand und Herausgabe einiger der im Jahre 1526
eroberten festen Plätze — im Nothfalle auch ohne diese — zu verhandeln, gegen Zuerkennung einer jährlichen Pension (das Wort Tribut
wollte man vermeiden) bis zu 10.000 Ducaten an den Sultan, und an
den Grossvezier Ibrahim bis zu 6000, oder für letzteren ein- für alle-
mal ein Geschenk bis zu 40.000 Ducaten. In einem Briefe aus
Möttling in Krain zeigt aber Jurischitsch an, dass es ihm nicht gelungen war, auf sein Ansuchen um freies Geleite eine Antwort zu erhalten.

[14] Wiener Archiv 10/1529, »Der Landen bewilligung und auslag darauf, was
von kriegsfolckh davon zu underhallten ist«, Mitgetheilt im Not.-Blatt der Akad. der
Wissenschaften. Jahrgang 1858, S. 268.

[15] Das Manifest scheint vom Kanzler Ferdinand's, dem Cardinal Bernhard von
Cles, verfasst zu sein. Nach Schilderung der Gefahren für Deutschland sowie für alle
christlichen Länder, und der Grausamkeiten, welche von Seite der Türken überall,
wo ihre Scharen hinkamen, verübt zu werden pflegen, schliesst er mit einem Aufruf an die gesammte Christenheit, nicht nur die Gefahr von ihrem Haupte abzuwenden, sondern spricht auch die Hoffnung aus, die christlichen Brüder, welche in
mehr als ägyptischer und babylonischer Gefangenschaft seufzen, zu befreien, Jerusalem
wieder erobern zu können, und endlich so weit fortzuschreiten, bis das Unkraut
mohamedanischen Aberglaubens aus den Völkern hinweggenommen sei.

Zweites Capitel.

Montag, den 10. Mai 1529 (am 2. Ramadan 935 der Hedschra), brach Sultan Suleiman mit einem Heere von 250.000 bis 300.000 Mann und 300 Geschützen von Constantinopel auf. [1]) Anhaltende Regengüsse erschwerten den Marsch schon zu Beginn desselben. Den 20. Mai langte das Heer in Adrianopel an, wo fünf Tage Rast gehalten wurde. Hier traf Boram Pascha, der Beglerbeg von Anatoli, im Lager ein. Strenge Mannszucht wurde gehalten, ein Richter und ein Prediger wurden wegen schlechter Proviantlieferung und wegen Unterschlagung von Geldern gehängt. Den 5. Juni traf das Heer in Philippopel ein. In Folge anhaltenden Regens trat die Mariza aus; eine Brücke wurde abgerissen, und der Lagerplatz überschwemmt, viele Leute ertranken und erlagen dem Hunger oder Krankheiten, die durch die Ungunst der Witterung hervorgerufen wurden. Nach mehrtägiger Rast traf das Heer nach Ueberschreitung der Balkanpässe am 20. Juni bei Sofia, am 30. Juni nach Ueberschreitung des Kunoviza-Gebirges in Nissa, und am 2. Juli in Krusheviza (Aladschahisar) ein.

Am 14. Juli gelangte das Heer an die Save und lagerte zwischen Havala und Belgrad; hier stiess auch das anatolische Heer zum Lager.

---

[1]) Ueber die Vorgänge während des Anmarsches des türkischen Heeres, sowie über manche Ereignisse während der Belagerung der Stadt Wien selbst gibt das Tagebuch Suleiman's (im Jahre 1858 herausgegeben und übersetzt von Dr. W. S. A. »Bernhauer«), soweit es die Verhältnisse auf Seite der Türken betrifft, ausführliche und ihrer Art nach auch glaubwürdige Auskünfte.

Noch herrschte strenge Mannszucht. Ibrahim liess einem Sipahi, weil er sein Pferd in ein Getreidefeld trieb, den Kopf abschlagen. Zum Uebergange über die Save mussten erst die Brücken hergestellt werden, was an mehreren Orten zwischen Belgrad und Mitroviz geschah.[2] Am 3. August war der Flussübergang beendet, am 5. langte das Heer bei Essegg an. Des Hochwassers wegen musste die Drau oberhalb der Stadt überbrückt werden. Nach geschehenem Uebergang wurden die Brücken am 15. August wieder abgetragen. Ueber Baranyavár zog nun das Heer nach Mohács, wo am 10. August gelagert wurde.

Zápolya, dem der Sultan schon im November 1528 den Befehl ertheilt hatte, ihn zwischen Belgrad und Peterwardein zu erwarten, erschien der Ueberschwemmung wegen erst auf dem Felde von Mohács — jener blutigen Wahlstatt, auf welcher drei Jahre früher das ungarische Heer vernichtet worden war — vor dem Sultan, um ihm zu huldigen. Von den Bischöfen Frangepan und Statilo, dem Kanzler Verböczy und anderen Edelleuten, sowie von 300 Reitern begleitet, wurde Zápolya mit grossen Ehren und mit dem Prunke osmanischen Hofceremoniels als König empfangen und mit Kaftan nebst drei reich gezäumten Pferden beschenkt, musste sich aber, wie andere Vasallen des Sultans, der türkischen Gewohnheit des Handkusses fügen.[3]

Nachdem am 20. August der Marsch gegen Ofen fortgesetzt worden war (Zápolya zog mit seinem Heere am linken Ufer der Donau gegen Pest), brachte Balibeg[4] mit 500 Reitern den Kronhüter Peter Pereny ein, welchen Anhänger Zápolya's auf der Flucht bei Sziklos gefangen hatten.

Vor Ofen, das schon tagsvorher zur Uebergabe aufgefordert worden war, langte der Sultan am 3. September an und lagerte auf den Weinbergen. Nach kurzer Recognoscierung durch Ibrahim wurde die Stadt vom Gerhardsberge (Blocksberg) aus beschossen.

Die schwache Besatzung der Stadt, zwei Fähnlein österreichischer Landsknechte unter den Hauptleuten Christof Besserer aus Ulm und

---

[2] Suleiman's Tagebuch erwähnt, dass der Uebergang über die Save auch bei Schabaz (Begürdilan) und bei Mitroviz bewirkt wurde. Uebrigens werden hier auch nur unbekannte Orte angeführt, wie die Festungen Morovik und Lorakh, die Schlösser Surtin und Kak, und das Dorf Loradolaken.

[3] Hammer II, 68, nach türkischen und ungarischen Quellen.

[4] Der in der Schlacht bei Mohács oft erwähnte Balibeg wurde zu Skutari wegen Unterdrückung seiner Unterthanen 1528 aufgeknüpft (Hammer II), der gleichnamige Beg von Zwornik dürfte dessen Sohn gewesen sein.

Hans Traubinger, wurde nach mehreren Stürmen und nachdem das untere Thor genommen worden war, gezwungen, sich in das unter dem Befehle Thomas Nádasdy's stehende, zur Vertheidigung wenig geeignete Königsschloss zurückzuziehen. Die wohlhabendere, meist deutsche Bevölkerung der Stadt war noch vor Ankunft der Türken geflohen, die Zurückgebliebenen schlossen sich der Besatzung an. Vom Feinde hart bedrängt, verlangte die Besatzung, gegen die Ermahnungen Besserer's und Nádasdy's, die Uebergabe, und zwang sie dazu, indem sie sich ihrer Personen bemächtigte. Zwei Mann aus der Mitte der Besatzung verhandelten mit Ibrahim und übergaben die Festung am 8. September gegen Zusicherung freien Abzuges. Unter den Janitscharen, denen man die Plünderung versagt hatte, und die jetzt ihr Sturmgeschenk begehrten, kam es zu einer Meuterei, die mit Gewalt unterdrückt werden musste. Als nun die Besatzung, welcher sich der Rest der Bewohner angeschlossen hatte, abzog, wurde sie in den Weinbergen von den Janitscharen überfallen, zuerst geplündert und der Waffen beraubt, und endlich bis auf wenige Reiter, welchen es gelang zu entfliehen, niedergemacht. Die zu Gefangenen gemachten Einwohner wurden im Lager verkauft. Nádasdy entkam nach Pest zu Zápolya, der ihn gegen das Versprechen, nicht zu Ferdinand zurückzukehren, entliess. Von einer Seite wurde der Feigheit der Besatzungstruppen, von der anderen dem Verrathe Nádasdy's die Schuld der schleunigen Uebergabe Ofens zugeschrieben: was wahr ist, wird wohl kaum jemals an den Tag kommen; jedenfalls würde aber ein ernster Widerstand der Besatzung den Zug Suleiman's gegen Wien nicht aufgehalten, ja kaum viel verzögert haben.

Am 10. September besetzte der Grossvezier die am linken Ufer der Donau gelegene, mit Mauern umgebene Stadt Pest. [5] Am 14. September brach der Sultan gegen Wien auf, nachdem er Johann Zápolya durch den zweiten Befehlshaber der Janitscharen und durch den Bastarden Gritti in die Königsburg zu Ofen einführen liess. Gritti, der das türkische Heer begleitet hatte, wurde als mit europäischen Verhältnissen vertraut, dem Zápolya als Rathgeber beigegeben, während der Sandschakbeg von Ilbesan, Chosrubeg [6], mit 3000 Mann zu seinem Schutze, vielleicht auch zu seiner Ueberwachung, in Ofen zurückblieb.

---

[5] Suleiman's Tagebuch führt an: »Aus Furcht vor dem Janos Kral (Zápolya) setzte der Pascha (Ibrahim) auf die andere Seite der Donau über, und lagerte sich da.«

[6] Während ungarische Quellen Hassanbeg angeben, nennt Suleiman's Tagebuch den Sandschakbeg von Ilbesan, Chosrubeg.

2*

Muhammed, der Beg von Semendria, wurde zur Kundschaft vorausgeschickt. Die gegen Wien gelegenen festen Plätze fielen nun meist ohne Widerstand in die Hände der Türken. Visegrád (Plintenburg) sammt der Reichskrone gieng verloren, da der Palatin Báthory zu spät für deren Sicherheit sorgte. In Gran öffnete der Erzbischof Paul Várday den Türken die Thore, während er erst vorher den österreichischen Truppen den Eintritt verwehrt hatte. Tata (Totis) und Komorn waren von ihren Besatzungen verlassen. Raab, das ohnedies nicht zu halten war, hatte Lamberg, nachdem er die Geschütze nach Wien gebracht und die Stadt in Brand gesteckt hatte, geräumt. Beim Uebergange über den Raabfluss traf Muhammed auf die Reiter des Paul Bakić, welche er hinderte, die Brücke abzubrennen. Mit der Nachricht, dass »die Ungläubigen« von Wien nach anderen Orten fliehen, schickte Muhammed einige Gefangene in das Lager des Sultans. Altenburg wurde eingenommen. Die böhmische Besatzung daselbst soll sich ohne Kampf ergeben haben und nach Oesterreich entlassen worden sein, wo ihr, vor Wien angelangt, die Aufnahme verweigert worden wäre. [7])

Beim Vorüberziehen an Pressburg weigerte sich der Commandant Johann Szálay, Stadt und Schloss, das von 600 österreichischen Fussknechten unter dem Hauptmanne Wolfgang Oeder besetzt war, zu übergeben. Das am anderen Ufer der Donau vorüberziehende Türkenheer konnte nicht aufgehalten werden, doch gelang es, mehrere strom-

---

[7]) Suleiman's Tagebuch führt an: »Lager in der Nähe der Festung Óvár (Altenberg). Auf das die Straße passirende Heer feuerten die Ungläubigen der Festung mit Kanonen; sie wollten sich nicht unterwerfen und stellten sich, als ob sie Kampf anfangen wollten. Im Lager ward der Befehl verkündet, niemand sollte sich an irgend jemand vergreifen, um ihn zum Gefangenen zu machen.« Diese Milde lässt schliessen, dass die Angaben einer gleichzeitigen anonymen Druckschrift wohl nicht aus der Luft gegriffen sein dürften: »Daß sich die Besatzung on alle nothzwang der Beheim und jr Hauptleut kleinmüthigkeit und Verzagtheit unbedacht ihrer ‚Eren‘ ergeben« und sich das Leben gesichert hätten; von dort wäre ein der deutschen Sprache kundiger Mann nach Wien gesendet worden, der mit der Antwort zurückkam: »daß sie zuvor in der Stadt Wien nur zuvil volks hetten, un der Beheim gar nit bedürfen, sondern er (der Sultan) mit denselben nach Gelegenheit jener Handlung um seines Zusagens wohl handeln und verfaren mecht«. Meldeman führt an: »Im Schloß Altenburg seyn etlich Behem gelegen, und als der Türk dafür kamen, haben sie jm das on allen Zwang übergebe, haben auch kein Schuß aus dem Schloß gethan.« Jovius dagegen führt an: »Solyman . . . hat die Statt Altenburg, welche mit einem Böhmischen Zusatz wol versehen, mit seim Heer angriffen, und haben sich auch die Böhmen darinnen Ritterlich zur Gegenwehr gestellt. Aber sobald jr Hauptmann gefallen, und sie ein grosse Forcht ankommen, und die Mawren verlassen, hat er sie mit dem Sturm gewaltig erobert, und die Böhmer fast alle biß zum letzten erschlagen.« Welche Nachricht ist richtig?

aufwärts fahrende, mit schweren Geschützen beladene Schiffe in den
Grund zu bohren.

Am 23. September, nach Ueberschreitung des Leithaflusses, hielt
Suleiman — der der Meinung war. hier bereits auf deutschem Gebiete
zu stehen — Musterung über seine Truppen.[8])
Während die Akindschi — die »Renner und Brenner« — in der
Stärke von 30.000 Mann unter ihrem erblichen Führer Michaloghli
schon seit 18. September die Grenzen Oesterreichs überschritten hatten
und sich mordend und brennend über den ganzen südlich der Donau
gelegenen Landstrich ausbreiteten.[9]) langte der Sultan selbst erst den
25. September vor Bruck an der Leitha an. Bürger der Stadt waren
dem Sultan entgegengezogen, um ihre Unterwerfung anzubieten. jedoch
die Stadt erst dann zu übergeben, wenn es den Türken gelungen wäre.
Wien einzunehmen. In der That zogen die türkischen Scharen an der
Stadt vorüber, ohne sie zu behelligen.[10]) Aus Hainburg war die Besatzung von 200 Mann schon vor dem Eintreffen der Türken an das
linke Donauufer geflüchtet und nach Korneuburg gezogen.[11])
Während der Grossvezier Ibrahim schon am 25. September mit
den rumelischen Truppen vor Wien stand. langte Sultan Suleiman am
26. vor der Stadt an und bezog ein Lager auf dem Laaer Berge.[12])

---

[8]) Suleiman's Tagebuch führt an: »Er (der Sultan) verlangte daher von den
Hauptleuten sämmtlicher Compagnien die Listen ab, und es fehlte wenig, so wären
den Hauptleuten die Köpfe abgeschlagen worden. Diessmal bemerkten die Hauptleute
seine Stimmung und gaben die Listen der anwesenden Soldaten her.«

[9]) Mit welcher Eile die Akindschi das Land überzogen und selbst in die ent-
ferntesten Thäler eindrangen, zeigt, dass sie schon am 24. September in Enzersdorf
und Mauerbach, am 25. in Klein-Zell und am 30. in Amstetten eingetroffen waren.
Nur bei wenigen Orten sind noch genaue Angaben über die Zeit ihres Eintreffens
erhalten.

[10]) Suleiman's Tagebuch führt nur an: »Lager zu Bruck.« In einer anonymen
Flugschrift wird angeführt: »Die Burger obbemelter Stat Prugh an der Leyta haben
sich dem Türkischen Kaiser ergeben, darauf der Kaiser jre Ambassaten oder pot-
schafter mit errklaidern von Sammat begabt, und damit vorallem seinen Volk unbehelligt gelassen. Nachdem er der Türk aber die Stadt mit schlechten coren verlassen,
so acht man dafür, die gedachten Burger, sampt andern, so in seiner Potestat sein,
müssen das entgelten, und den Sammat wol bezalen.«

[11]) In Korneuburg excedierten die aus Hainburg dahin geflüchteten Truppen in
der Folge derart, dass die Bürger sich nach Krems an Pfalzgraf Friedrich um Hilfe
wenden mussten, der sie nach Abnahme der Fahnen und Waffen des Landes verwies.

[12]) In der Angabe des Datums weichen die türkischen und deutschen Quellen
von einander ab. Nach Suleiman's Tagebuch wäre der Grossvezier Sonnabend, den

Die Stadt Wien — ursprünglich als römisches Lager erbaut — war schon seit langer Zeit einer der wichtigsten Punkte für die Vertheidigung Deutschlands gegen Osten. Mit Rücksicht auf die Zeitverhältnisse unterlag die Befestigung der Stadt starken Veränderungen. Seit Beginn des XV. Jahrhunderts bestanden zum Theile noch die Umfassungsmauern aus der Zeit des Königs Ottokar, die in dem Masse sich veränderten und ausbreiteten, als die Stadt sich im Laufe des Jahrhunderts erweiterte. Seither entstanden aber unmittelbar vor den Mauern der Stadt neue Vorstädte, die man durch Erweiterung der Festungswerke schützen wollte. Der Stadttheil vor dem Stubenthor am rechten Ufer des Wienflusses mit dem St. Niklaskloster war nach Aussen mit Wall und Graben umgeben, und an seinem Ende — ungefähr dort, wo jetzt die Salmgasse in die Landstrasse mündet — durch die Niklaspforten geschlossen. Der Stadttheil zwischen dem Kärntnerthore und dem Wienflusse, in welchem das Bürgerspital mit dem Franciscanerkloster und der St. Kolomanskirche lag, sollte durch ein Bollwerk am rechten Wienufer bei dem St. Lászlóthurm — ungefähr wo jetzt das Freihaus an die Wiedner Hauptstrasse heranreicht — geschützt werden. Vor dem Burgthore waren etwas entlegenere Häusergruppen bei St. Thibald — in der Gegend der Kirche auf der Laimgrube — und bei St. Ulrich durch Thürme geschützt. Vor dem Schottenthore stand innerhalb einer Mauer der Klosterneuburgerhof und die St. Magdalenakirche.[13]

Bei den Fortschritten, welche die Türken seit dem Jahre 1525 in Ungarn machten, musste in Wien mit Ernst an eine Verbesserung der Festungswerke gedacht werden. Seit der Verwendung von Feuergeschützen genügten die vorhandenen Festungswerke nicht mehr, sie sollten vollständig umgeändert, völlig neu erbaut werden. Wenn man sich dessen in Wien auch bewusst war, so fehlte es doch bei dem Um-

25. September (in Bernhauer's Uebersetzung heisst es »Sonntag, den 21. des Monates Dsulhigya = 20. September«, was wohl ein Druckfehler ist, da unmittelbar darnach »Montag, den 23. = 27. September« angeführt ist), der Padischah aber Sonntag, den 22. = 26. September angekommen. In deutschen Quellen (Hammer, Stern etc.) ist der 24. September als Ankunftstag des Sultans angeführt.

[13] Der älteste Plan von Wien, im Museum der Stadt, ist aus der Zeit 1438 bis 1455. Ohne Anspruch auf geometrische Richtigkeit — Kirchen und grössere Gebäude sind nur im Aufriss angedeutet — gibt er nur Auskunft über den Umfang der Stadt und deutet die angeführten Vorstädte wohl an, gibt aber über ihre genauere Lage keinen Aufschluss. Aus der Zeit der Belagerung selbst oder aus der ihr vorausgehenden, ferner der ihr unmittelbar folgenden Zeit ist kein Plan vorhanden; was man daher von diesen nächst der Mauer entstandenen Vorstädten weiss, gründet sich auf andere schriftliche Documente und auf Meldeman's Rundsicht.

stande, dass der Wohlstand der Stadt in Folge der Aenderung der Verkehrswege nach dem Oriente. und durch die in letzter Zeit in den östlich gelegenen Ländern herrschenden anarchischen Zustände, sowie durch eine arge Feuersbrunst im Jahre 1525 wesentlich gelitten hatte an den Mitteln, die erforderlichen Ausgaben zu bestreiten. Die Heranziehung des Erlöses der nun verkauften Kirchenkleinodien konnte dem Geldmangel nur ungenügend abhelfen.

Die grösste Aufmerksamkeit scheint man bisher der Befestigung der Vorstädte zugewendet zu haben, welche man dem Feinde nicht preisgeben wollte.[14]) Erst im letzten Augenblicke — im Jahre 1529, als man das türkische Heer schon im Anzuge wusste — scheint man zur Einsicht gekommen zu sein, dass man in so kurzer Zeit die beabsichtigten Arbeiten nicht bewältigen könne, und dass man bei der Ausdehnung, welche die Vorstädte bereits erlangt hatten, mit den vorhandenen und im günstigsten Falle vielleicht noch zu gewärtigenden Kräften das Auslangen nicht finden werde, um sie längere Zeit halten zu können. Man fasste also endlich den Entschluss, die Vorstädte ganz aufzugeben und alle Mittel nur zur Vertheidigung der inneren Stadt zu verwenden. Nur die Vorstadt vor dem Stubenthor über der Wienbrücke gegen die Donau zu — das Nonnenkloster St. Nikolaus eingeschlossen — sollte gehalten werden und wurde noch verstärkt.

Die entfernter gelegenen Vorstädte behinderten die Vertheidigung der inneren Stadt nicht; jener Theil aber, der sich unmittelbar an die Umfassung derselben anschloss, wie zwischen dem Stubenthore und dem Kärntnerthore und gegen die Burg zu, dann vor dem Schottenthore, welcher der Annäherung des Feindes wesentlich Vorschub leisten konnte, musste beseitigt werden. Mit der Demolierung derselben wurde aber — vielleicht um den Bewohnern Zeit zur Räumung zu lassen — bis zum letzten Augenblicke gezögert.

<hr>

[14]) Im Jahre 1527 wurde die nicht unbedeutende Summe von 8986 Pfund Pfennigen für Befestigungsarbeiten ohne nähere Bezeichnung an Johann Tscherte, Jörg Lang und den Stadtbaumeister Heinrich Spettl ausgegeben. Während in Italien schon zu Ende des XV. Jahrhunderts Befestigungsbauten nach italienischer und spanischer Manier mit bastionierten Fronten hergestellt wurden, begnügte man sich in Wien noch immer mit den alten Stadtmauern und den die Gräben kaum flankierenden, meist viereckigen Thürmen. Erst im Jahre 1530 — also ein Jahr nach der Belagerung — wurde eine Bastion vor der Burg erbaut, und die Herstellung von weiteren fünf Bastionen in Angriff genommen (siehe Camesina, »Urkundliche Beiträge zur Geschichte Wiens im XVI. Jahrhundert«). August Hirschvogel's Plan von Wien vom Jahre 1547 — die älteste geometrisch richtige Aufnahme der Stadt — ist für die Zeit der Belagerung nicht massgebend, da in derselben die seither ausgeführten und entworfenen Festungsbauten auch schon eingezeichnet sind.

Gegen den feindlichen Ansturm war die innere Stadt nur durch
die aus verschiedenen Zeiten herrührende Mauer in der Höhe von vier
bis sechs Meter und einer Breite bis drei Meter umgeben, die durch
theilweise schon baufällige, erst in letzter Zeit wieder hergestellte
Thürme verstärkt war. An der Innenseite dieser Mauer lief ein stellen-
weise auch nur hölzerner Auftritt für die Vertheidiger, so schmal, dass
oft nur ein Mann darauf stehen, und so unbequem, dass man nur auf
engen Stiegen oder mit Leitern zu ihm gelangen konnte. Verstärkt
war diese Hauptumfassung durch ein Bollwerk vor dem Biberthurm,
einer Katze (Cavalier) vor der Predigerkirche nächst dem Stubenthor,
und einem hölzernen, erst im Laufe der Belagerung aufgestellten Bollwerk vor dem Augustinerkloster. Von den Thürmen und Thoren scheint
nur der Kärntnerthurm nebst dem Thore, der Burgthurm, das Schottenthor und der Thurm im Elend für Geschütze eingerichtet gewesen zu
sein. Dass Ausfallpforten, d. i. enge Thürchen, welche in den Graben
führten, vorhanden waren, wird nicht erwähnt, und es ist dies auch
aus keiner Zeichnung zu entnehmen, doch fehlten sie bei Befestigungen
jener Zeit in der Regel nie, und da Ausfälle kleinerer Abtheilungen
wiederholt vorkamen, obwohl alle Thore, das Salzthor ausgenommen,
in der Folge vermauert wurden, so dürften sie auch hier nicht gefehlt
haben. Die Hauptumfassung war von einem meist trockenen Graben
vom Biberthurm bis gegen den Salzthurm umgeben; gemauerte Contre-
escarpen fanden sich nur in der Nähe der Brücken, welche wohl abgesperrt, aber nicht abgetragen waren.[15]) Ein bedeckter Weg fehlte
ganz, ebenso wird das Vorhandensein von Aussenwerken während der
ganzen Belagerung nicht erwähnt.

[15]) Meldeman's Rundsicht: »Der Stadt Wien Belegerung, wie die auff dem
hohen sant Steffansthurm allenthalben gerings um die ganze Stadt, zu wasser und
zu landt mit allen Dingen anzusehen gewest ist, und von einem berimten Maler der
on das auff S. Steffans thurm in derselbe belegerung verordnet gewest ist, mit ganzen
Fleiß verzeychnet und abgemacht, gescheen nach Christi geburt M. CCCCCXXIX, und
im XXX. in truck gebracht. Gemacht zu Nürenberg durch Niklaßen Meldeman brif-
maler bei der lange prucken wonhaft nach Christi geburt M. CCCCCXXX Jar« kann
keinen Anspruch auf geometrische Richtigkeit machen, ist aber die einzige gleich-
zeitige Darstellung der Belagerung. Nach einem durch einen unbekannten Wiener
Maler unmittelbar aufgenommenen Bilde, im Auftrage der Stadt Nürnberg hergestellt,
bringt diese Rundsicht, der eine Beschreibung beigegeben ist, welche von jener des
Peter Stern von Labach wenig abweicht, fast alle wichtigeren Ereignisse während der
Belagerung, und gibt Auskunft über den Bauzustand der Befestigung. (Camesina hat
diese sehr seltene Rundsicht 1863 in sehr gelungener Ausgabe vervielfältigt.) Die bei
liegende Copie dieser Rundsicht ist in verkleinertem Massstabe dem in der Albertina
befindlichen Originale entnommen. Die Ansicht der Stadt von Guldemund, ebenfalls

Für die Vertheidigung der Stadt gegen die Donau zu und für die Erhaltung der Verbindung mit dem linken Ufer des Stromes sollte bei Zeiten durch die Herstellung einer Flotille gesorgt werden. deren Erbauung dem Hieronymus von Zara [16]) und Simon Salnazo übertragen wurde. Bemannt sollte die Flotille mit Galeoten — küstenländischen Matrosen — werden, weil die deutschen Schiffer mit den neuartigen Schiffen nicht umzugehen verstanden.

Zur Armirung der immerhin umfangreichen Festung standen nur 74 brauchbare Geschütze von verschiedenstem Caliber zur Verfügung. [17]) Es waren dies 6 Singerinnen, deren Geschosse bei 20 Nürnberger Pfunde wogen; 3 Karthaunen mit 16pfündigen Geschossen; 43 Falkaunen, auch Quartalschlangen genannt, mit 10pfündigen Geschossen, 4 Nothschlangen und 10 Halbschlangen, lange Rohre mit 5- bis 7pfündigen Geschossen; 4 Falkonetel mit 1- bis 2pfündigen Geschossen; 5 Haufnitzen — Haubitzen —; 2 eiserne Steinmörser, dann 1 grossen Mörser für 100pfündige und 5 kleine für 25pfündige Steinkugeln. Ausserdem war noch eine grössere Zahl der Stadt gehörige einfache und halbe Hacken — Wallbüchsen verschiedenen unter 1 Pfund wiegenden Calibers — vorhanden.

Der schon seit dem Feldzuge in Ungarn 1527 als Oberster Feldhauptmann im königlichen Kriegsdienste stehende Niklas Graf zu Salm [18]) wurde mit dem Bestallbriefe ddo. Wien, 31. März 1528, für

Briefmaler in Nürnberg, ist ebenso wie Wohlmuet's Ansicht vom Jahre 1547 ein Phantasiestück. Die Ansicht der Stadt auf Salm's Grabmal gibt ebensowenig Aufschluss über die Befestigung der Stadt, wie jene auf dem Maximilian-Monument in Innsbruck, welche aus der Zeit des Bildhauers Colin (1563) ist.

[16]) Hieronymus von Zara erscheint schon im Jahre 1514 als Arsenal-Obrister; er verblieb bis zum Jahre 1533 in Wien. Hernach zum Oberwaldmeister für Görz, den Karst und Istrien ernannt, trat er daselbst dem unbefugten Holzbezuge der Venetinner mit Energie entgegen (Newald, S. 76).

[17]) Nach »Paul Pessel's Beschreibung« betrug die Zahl der Geschütze 74. Hammer und andere geben nur 72 an, andere sogar bis 300, was unbedingt unrichtig ist.

[18]) Niklas Graf zu Salm, zum Unterschiede von seinem gleichnamigen Sohne »der Aeltere« genannt, stammt aus dem in den Vogesen heimischen Geschlechte »Ober-Salm«. Er war 1459 geboren und begann seine kriegerische Laufbahn im Dienste Oesterreichs 1483. Unter Kaiser Maximilian zog er 1490 nach Ungarn, kämpfte im Schweizer Kriege 1499, im Landshuter Erbfolgekrieg 1504, im venetianischen Krieg 1509 bis 1516, vertheidigte 1522 bis 1523 die österreichischen Länder gegen die Einfälle der Türken, nahm 1525 in der Schlacht bei Pavia den König Franz von Frankreich gefangen und dämpfte im selben Jahre den Bauernaufstand in Steiermark. Vor der Schlacht bei Mohács wurde ihm der Oberbefehl in Ungarn angetragen, den er unter dem Vorwande seines hohen Alters ablehnte. Gegen Zápolya kämpfte Salm mit Glück (Newald, Das Salm-Monument. S. 6).

die niederösterreichischen Lande [19]) auf ein weiteres Jahr im Oberbefehl bestätigt, und diese Bestallung mit dem Erlasse vom 2. August
1529 auf ein weiteres Jahr, vom 1. April 1529 beginnend, erneuert.[20])
Als Suleiman's Zug gegen Wien nicht mehr bezweifelt werden
konnte, traf Salm alle Anstalten, welche er zur Vertheidigung der
Stadt für nothwendig erachtete. Die seit 1527 unter Hans Katzianer [21]),
Lienhard von Vels, Niklas von Thurn und Paul Bakič in Ungarn
stehenden Truppen zog Salm rechtzeitig nach Wien. Ihre Zahl war
nicht sehr bedeutend; bei dem Umstande, dass sie den Sold nur sehr
unregelmässig erhielten, waren sie sehr zusammengeschmolzen.

Für die Vertheidigung von Wien wurde dem Grafen Salm der
kaiserliche Feldmarschall Wilhelm Freiherr von Roggendorf als Stellvertreter beigegeben. [22])

[19]) Unter den »niederösterreichischen Landen« ist nicht Oesterreich unter der
Enns (Niederösterreich) zu verstehen, sondern ganz Oesterreich mit Steiermark, Kärnten
und Krain sammt dem Küstenlande.

[20]) Der nachstehende Bestallbrief vom 2. August 1529 (k. u. k. Hof-Kammerarchiv, Kammerbuch Nr. 27, Fol. 295) setzt die Stellung des Grafen Salm als Höchst-
commandierenden in den niederösterreichischen Landen, mithin auch in Wien, während
der Dauer dieses Jahres ausser allen Zweifel:

»Wir Ferdinand c: c: Bekhennen, das wir den Edlen unsern lieben getreuen
Niklasen den Elter Graven zu Salm unsern Rate noch auf ein Jar lanng von dem
ersten Tag des Monats April nechstverschinen zu zereiten zu unsern Obersten Feldhauptmann unseror Niderösterreichischen Lannd auch unsers Hofgesinds, und aller
unser Besoldten Dinner bestelt haben, wissentlich mit dem Brief Also. Wann wir od
unser Landschaft, Ain Veldzug, In od aus unser Niderösterreichischen Lannden,
Zuthun fürnemben daz er sich dann auf uns od unns Stathalter und Regenten er-
vordern, gehorsamlich und guetwillig geprauchen lassen soll. Unsern und unser Lannd
und leut Nutz Er und pesstes troulicher bedenkhen, Raten, fürdern, Schaden und
nachteil, warnen und fürkhomen nach seinem höchsten Verstande und vermögen, wie
unser gnedig Vertrauen zu Ime steet. Auf solche Bestallung haben wir Ime die
bestimt Jahrzeit, Acht hundert gulden Rheinisch Dünstgelts aus unserm Cammer-
meisteramht zu Wienn, und wenn Er In Veld geprauchet wirdet, für sein person Zway
Hundert gulden Rheinisch taflgellt, it. Auf Sechzehen gerüste pherdt ain Jedes Zehen,
Acht Trawanndten, ydem Acht, Zween wagen und bey einem jeden vier wagenphärdt,
auf ain pfärdt fünf, Ainen Caplan Acht, und ainem Tulmatschen auch Acht, alles
Rheinischgulden monatlichen durch unsernn verordneten Kriegs-Zalmaister, zu be-
stallen verwilligt und zugesagt. Dass alles wir Ime bey demselben unserenn Cammer-
maister und Krigszalmaister durch unsern sonndern Bevuelch zubezallen verordnen
wellen. Ongeuerdt. Urkund dis Briefs Geben Lynz am ander Tag Augusti Anno
im XXIXten.

[21]) K. u. k. Kriegsarchiv, Fascikel VIII. 8. Katzianer's Rückberufung aus
Ungarn betreffend.

[22]) Wilhelm Freiherr von Roggendorf entstammte einer steirischen Familie und
wurde im Jahre 1480 geboren. Im venctianischen Kriege unter Kaiser Maximilian

Um die Bewohner der meist bedrohten Viertel Nieder-
österreichs, für die nach den Nachrichten, welche aus Ungarn ein-
liefen, das Schrecklichste zu befürchten war, noch rechtzeitig auf die
kommenden Ereignisse aufmerksam zu machen, ergieng an dieselben
mit 29. August 1529 ein Aufforderungsmandat[23] »wegen der heran-
nahenden Türkengefahr die Feldfrüchte und ihre sonstige bewegliche
Habe in die nächsten Städte und Schlösser zu bringen, und auf ge-
gebene Alarmzeichen (durch Kraidfeuer, Rauch oder Schüsse), die
Glocken läuten zu lassen. Die Unterthanen haben sich mit ihren
Waffen in Bereitschaft zu halten, die Befehle der Obrigkeit zu erwarten, und denselben Folge zu leisten.«

Bei der ausserordentlichen Verantwortung, welche auf den Macht-
habern in Wien lastete, waren dieselben auch zur Ergreifung der
ausserordentlichsten Massregeln bereit. Die Furcht, dass die zur Vertheidigung von Wien erforderlichen Truppen nicht rechtzeitig eintreffen würden, veranlassten am 13. August die Gesammtregierung,
dem König Ferdinand den Vorschlag zu machen, im äussersten Falle
Wien von den Bewohnern räumen zu lassen, die Geschütze zu entfernen, die Vorräthe zu vernichten und die Stadt an allen Orten
anzuzünden. Dem Feinde würde hiedurch die Möglichkeit benommen,
in Wien zu überwintern, um im nächsten Frühjahre weiter vorzudringen,
und die Bewohner, deren Leben, im Falle die Stadt vom Feinde eingenommen würde, jedenfalls geopfert wäre, würden gerettet. Die
Räthe Hans von Eibiswald und Trojan von Auersperg wurden nach
Linz gesandt, um sich von König Ferdinand einen schriftlichen Be-
scheid zu erbitten.[24]

---

verdiente er sich die ersten Sporen und wurde bei Callinno schwer verwundet. Trotz
seiner Jugend ernannte ihn Kaiser Karl V. bei seiner Thronbesteigung zum Statthalter in Friesland. Im geldrischen Kriege 1517 zeichnete er sich aus, im Jahre 1522
kämpfte er in Spanien gegen die Mauren und 1524 im Kriege gegen Frankreich.
Schon war er zum Vicekönig in Catalonien bestimmt, als ihn Ferdinand nach Oesterreich berief, um seine bewährte Kraft gegen die Türken zu verwenden.

[23] K. u. k. Kriegsarchiv, Fascikel VIII. 9. Warnungsmandat König Ferdinand's
vom 29. August 1529 an die zwei Viertel unter dem Wienerwald und unter dem
Manhartsberg.

[24] Das Original ist im k. u. k. Kriegsarchiv, Fascikel VIII, 1, wohin es aus
dem Archiv des k. k. Ministeriums des Innern abgegeben wurde. Die zehn auf-
gedrückten Siegel lassen jene des Statthalters Georg von Puchheim, des Kanzlers
Rabenhaupt von Sucha, des Vicedom Beck von Leopoldsdorf und der Räthe Felician
von Petschach, Rudolf von Hohenfeld und Hans von Silberberg noch deutlich erkennen.
Im siebenten Absatz wird darauf hingewiesen, dass die Stadt ohne ausgiebige Hilfe
dem Andrange der Türken nicht widerstehen, dass man die Verantwortung nicht

Die Ausbesserung der an den Stadtmauern und Thürmen, sowie überhaupt der an den Festungswerken befindlichen Baugebrechen wurde mit grossem Eifer in Angriff genommen. Einer der vorzüglichsten Leiter dieser Arbeiten war der Bau- und Brückenmeister Johann Tscherte. Selbst an Neuherstellungen dachte man noch in den letzten Wochen; ein Regierungsmandat an die Waldbesitzer der Umgebung verpflichtete dieselben zur Abgabe von Holz an die Stadt, »um zween pasteyen. polwerchen und weeren« zu errichten. [23])

Auf alle Vorbereitungen zur Vertheidigung der Stadt, besonders aber auf deren ausreichende Verproviantierung, wirkte der beständige Geldmangel nahezu lähmend. Oft mussten die dringendsten Vorkehrungen ungenügend ausgeführt werden oder gänzlich unterbleiben. da die erforderlichen Geldmittel fehlten. Um dem Geldmangel abzuhelfen, bestand auch die Absicht, die bei den Bürgern befindlichen Gold- und Silbergegenstände gegen spätere Entschädigung der Münze abzuführen, doch kam dieser Gedanke nicht zur Ausführung. Eine diesbezügliche geheime Aufforderung des Königs an den Bürgermeister beantwortete dieser am 18. September mit dem Hinweise darauf. dass eine solche Aufforderung, wenn rechtzeitig ergangen, wohl den entsprechenden Erfolg gehabt hätte, dermalen aber zu spät käme, nachdem der grösste Theil der Bürger die Stadt mit Weib und Kindern verlassen und wohl auch ihre Wertsachen mitgenommen habe. [26]) In der That hatte die Flucht der Einwohner schon am 17. September eine solche Ausdehnung angenommen, dass vom Stadtrathe nur mehr der Bürgermeister Wolfgang Treu, die Stadträthe Sebastian Eiseler. Wolfgang Mangold und Sebastian Schranz, dann der Stadtrichter Paul

<hr>

tragen könne, wenn die gesammte christliche Einwohnerschaft im Falle der Einnahme der Stadt im Sturm niedergemacht würde und den Türken alle Geschütze und die angesammelten Kriegsmittel, sowie alle Vorräthe an Lebensmitteln in die Hände fielen. Es würden ihnen dadurch die Mittel geboten, den Winter in Wien zu verbleiben und von hier aus gekräftigt gegen Deutschland vorzugehen. Schliesslich wird der Vorschlag gemacht, wenn eine . ausreichende Hilfe nicht gewährt werden könne, die Stadt von ihren Einwohnern zu räumen. alle Kriegs- und Lebensvorräthe in Sicherheit zu bringen und sie dann niederzubrennen, in der Erwartung, dadurch das Leben so vieler Menschen zu retten und den Türken ein weiteres Vorgehen unmöglich zu machen oder doch wesentlich zu erschweren. Vollinhaltlich ist dieses Document bei Newald, »Das Salm-Monument«, Beilage VI. S. 113 bis 115, mitgetheilt.

[23]) K. u. k. Hof-Kammerarchiv. Kammerbuch Nr. 33 vom 26. August 1529.

[26]) Brief des Bürgermeisters Wolfgang Treu an König Ferdinand vom 18. September 1529 über den Abzug der Wiener Bürger (K. u. k. Haus-, Hof- und Staats-Archiv. Fascikel I B. Vollinhaltlich in Newald, »Das Salm-Monument«, Beilage J, S. 115).

Bernfuss, und von 3500 wehrfähigen Einwohnern kaum 400 zurück-
geblieben waren. Der Umstand, dass die Absicht, die Stadt erforder-
lichenfalles ganz preiszugeben, unter der Bevölkerung kaum ganz
unbekannt geblieben sein dürfte, vermag wohl die Flucht so vieler
Bürger zu erklären. [27]

Während die »Renner und Brenner« schon seit 19. September in
der Nähe von Wien streiften, erstattete der oberste Feldhauptmann,
Niklas Graf zu Salm, am 20. in Gemeinschaft mit dem Statthalter,
den Regenten und den Kriegs- und Kammerräthen der niederösterreichischen Lande einen eingehenden Bericht an König Ferdinand über
die Lage der Stadt Wien und über die Truppenmacht, welche hier
versammelt war. [28] In demselben wird gemeldet, dass über die Frage,
ob mit den Truppen ausserhalb der Stadt ein Lager zu beziehen sei.
um dort den Feind zu erwarten und eine Schlacht zu wagen, oder.
ob es vorzuziehen sei, sich in die Stadt zurückzuziehen und es auf
eine Belagerung ankommen zu lassen, ein Kriegsrath abgehalten wurde.
Der Bericht gibt an, dass die Truppen mit heutigem Tage nicht über
12.000 Mann zählten, wie aus dem beiliegenden Ausweis zu ersehen
ist. [29] Es wird weiter hervorgehoben, wie bedenklich es ist, sich in
einem so ausgedehnten und ungenügend befestigten Ort, wie es Wien
mit seinen Vorstädten ist, einschliessen zu lassen, umsomehr als die

* [27] Nach Hammer hätte die Uebertragung des Hoflagers nach Linz erst den
Anstoss zur eiligen Flucht der wohlhabenderen Bürger gegeben, was unrichtig ist.
König Ferdinand war in der letzten Zeit nicht in Wien, und das Hoflager befand
sich schon seit Juni in Linz, wo die Königin ihrer Niederkunft entgegen sah.

[28] Der Bericht ist im k. und k. Haus-, Hof- und Staats-Archiv. Fasc. 1B,
~~d vollinhaltlich abgedruckt bei Buchholz, Geschichte des Regenten Ferdinand I.,
III. Band, S. 619.

[29] Der dem vorerwähnten Berichte beiliegende Ausweis bringt folgende Truppen:

Fussknecht on das Reich:		Gerayssigen:	
Vels	2200	Lanndt Oesterreich	500
Reyschach	2000	Hardegkh	130
kerner	400	Katziuner	160
Grumoser	300	kerner	200
Beheim	2000	Niklas von Thurn	250
Zehendtmann	1500	Salm, Rogendorf, Stathalter u. dergleichen	136
Steyrer u. Spanier	1500	Gering pferdt mit dem von Thurn	1200

Nachfolgendt was vom Reich khumben sol. auch von Bayern, Salzburg unnd
Nuernborg khnecht:

Das Reich	7000	Pferdt	
Bayern	2000	Das Reich	1600
Salzburg	500	Bayern	100
Nuernberg	1000		

Stadt schlecht verproviantiert ist und daher bald Mangel leiden werde.
Alle diese Umstände erwogen, habe der Kriegsrath beschlossen, Wien
bis zur Ankunft der Reichshilfe besetzt zu halten und mittlerweile
alles zu thun, was sich zur Erhaltung der Stadt nothwendig erweist.
Der Bericht erwähnt ferner, dass, nachdem der Kriegsrath vorstehenden
Beschluss gefasst hatte, Paul Bakič mit der Meldung einlangte, der
Feind — nochmal so stark wie bei Mohács — wäre mit seiner Hauptmacht bereits bis Altenburg vorgerückt; seine Ankunft vor Wien sei
in fünf oder sechs Tagen zu gewärtigen, daher zu besorgen steht.
dass der Feind viel eher wie die Reichshilfe ankommen werde.
Schliesslich wird König Ferdinand noch auf das Eindringlichste gebeten. ungesäumt und in Eile alle Vorkehrungen zu treffen. damit
rechtzeitig Hilfe und Entsatz anlange. Auch wird noch gemahnt,
rechtzeitig für die Bezahlung des Kriegsvolkes Sorge zu tragen.

Früher als erwartet wurde. kam die Hauptmacht der Türken
heran. Es ergab sich daher von selbst, dass der Gedanke, dem Feinde
in offener Feldschlacht entgegen zu treten, aufgegeben. und nur auf
die Vertheidigung der Stadt Bedacht genommen werden musste.

Die Truppen wurden nun in die Stadt gezogen: von den Vorstädten blieb nur jener Theil vor dem Stubenthore mit dem St. Niklas-
Kloster, der vollständig von einem Wall umgeben war, besetzt. Um
dem Feinde nicht Schutz und Stützpunkte zu geben, wurden die
übrigen Vorstädte mit Rücksicht auf die schon in der Nähe schwärmenden Akindschi der Plünderung preisgegeben und in Brand gesteckt,
was nicht ohne Ausschweifungen der zügellosen Soldaten vor sich
gieng. Muthwillig wurden die grossen Weinlager der Bürger zerstört
und mancher Proviant gieng verloren: auch an Misshandlungen der
Einwohner, die sich dem gewaltsamen Vorgehen der oft betrunkenen
Soldaten widersetzen wollten, fehlte es nicht. Schon ergriff die Plünderungs-
lust auch die in der Stadt verbliebenen Truppen; in die Häuser der
wohlhabenden Bürger und selbst in die Burg wurde eingebrochen.[30])
Erst ein am Lugeck aufgestellter Galgen musste den Ausschreitungen
ein Ende machen.[31])

Es fehlte an Zeit und an Arbeitskraft. um die nächst der Stadtmauer gelegenen Gebäude vollkommen zu demolieren, oder gar den

---

[30]) Johann Purkhard. Custos der Kapelle in der Burg, bittet den König um
Ersatz des beim Abbrennen erlittenen Schadens und klagt, dass die Landsknechte auch
in der Burg plündern wollten, was durch ihn verhindert wurde.

[31]) Uhlich: ›Geschichte der ersten türkischen Belagerung Wiens‹, S. 53. Auch
in Meldeman's Rundsicht ist der Galgen im Innern der Stadt ungefähr am Lugeck
eingezeichnet.

Schutt derselben fortzuräumen und auszugleichen, und so boten die Reste dieser Bauten dem Feinde immer noch Gelegenheit, sich ohne besondere Opfer unmittelbar vor den Festungswerken festzusetzen und einen Theil der Belagerungsarbeiten von hier aus einzuleiten. Von hervorragenderen Gebäuden fielen hier das Bürgerspital zum heiligen Geist, das Franciscanerkloster und das Nonnenkloster St. Margaretha vor dem Kärntnerthore, dann der Klosterneuburgerhof[32]) vor dem Schottenthor zum Opfer. Auch das alte Herzogsschloss auf dem Leopoldsberge wurde gesprengt und demoliert, um dem Feinde keinen Halt zu bieten.

Schon seit 19. September waren die Scharen der Akindschi in der Umgebung der Stadt zu sehen; Feuersäulen zeigten schon aus der Ferne ihre Anwesenheit, fliehende Landleute brachten die Nachrichten von ihren Grausamkeiten in die Stadt. Während die Vorstädte niedergebrannt wurden, wagten sich Akindschi schon bis in den Bereich derselben. Sie zündeten das Kloster St. Theobald und das Karthäuserkloster auf dem Kahlenberge an und erwürgten die Siechen im Spitale zu St. Marx.

Eine von Paul Bakić unternommene Streifung brachte nebst mehreren Köpfen erschlagener Türken auch einen Gefangenen ein, der »peinlich befragt«, d. h. gefoltert, am nächsten Tage, wohl weil seine Aussagen nicht befriedigten, mit vier anderen Türken zusammengebunden nächst der Schlagbrücke in die Donau geworfen wurde.[33])

Am 21. September rückte ein Theil der sehnlichst erwarteten Reichstruppen, 12 Fähnlein, in Wien ein. Zwei Fähnlein konnten des widrigen Windes wegen zu Schiff nur bis Hollenburg kommen, wo sie landeten, und zu Fuss über Traismauer und Tulln angesichts des bis zu letzterem Orte bereits vorgedrungenen Feindes erst am 25. in Wien eintrafen. Während die in Passau kriegsbereit stehenden Truppen eingeschifft wurden und gegen Wien fuhren, hielt sich der Pfalzgraf Friedrich von Baiern zwei Tage in Linz bei König Ferdinand auf, und langte zu Schiff erst in Grein an, als ihm die Nachricht gebracht wurde, dass Suleiman bereits vor Wien stehe und aller Verkehr mit der Stadt unterbrochen wäre. Eingetretene Nebel verhinderten den

---

[32]) Gelegentlich des Brandes dieses Hofes gerieth auch ein wertvoller Theil des Klosterarchives in Verlust.

[33]) »Ain gründlicher und wahrhafter Bericht.« Er zeigt, dass mit türkischen Gefangenen auch kaum menschlicher umgegangen wurde, wie mit den christlichen Gefangenen im türkischen Lager.

Pfalzgrafen durch mehrere Tage. die Fahrt fortzusetzen, und veranlassten ihn, in Krems an der Donau zu landen.

Zugleich mit den Reichstruppen traf Pfalzgraf Philipp[31]) mit 100 Reitern in Wien ein. Er kam freiwillig in die Stadt und erklärte, alle Gefahren und Leiden mit der Besatzung theilen zu wollen, obwohl ihm die Gefahr, der er sich aussetzte, geschildert, und das Verbleiben in Wien widerrathen wurde. Nachdem Pfalzgraf Friedrich nicht mehr in die Stadt gelangen konnte, vielleicht auch nicht wollte, übernahm Philipp als Höchster im Range den Befehl über die in Wien eingetroffenen Reichstruppen.[35]) Das muthige und ruhige Auftreten des jungen Fürsten wirkte auch ermuthigend auf die Besatzung sowie auf die in der Stadt zurückgebliebenen Bürger.[36])

Vom linken Ufer der Donau anlangende Flüchtlinge brachten gleichzeitig die Meldung, dass die türkischen Nassadisten — so wurde die Besatzung der donauaufwärts fahrenden Kriegsschiffe (Nassaden) genannt — im Marchfelde gelandet wären und Ort sowie mehrere Flecken der Umgebung verbrannt und verwüstet hätten.[37])

[31]) Philipp. Pfalzgraf am Rhein und Herzog in Baiern, ein Vetter oder jüngerer Bruder Friedrich's. war 1503 geboren. Seine hervorragende Tapferkeit im Kriege Kaiser Karl's V. in Italien erwarb ihm den Namen des »Streitbaren«. Nach der Belagerung Wiens ernannte ihn König Ferdinand zum Statthalter in Württemberg. welches Herzogthum nach dem verlorenen Treffen bei Laufen, 1534, in welchem er verwundet und gefangen worden war, von Oesterreich abgetrennt wurde Philipp zog sich hierauf zurück und starb im Jahre 1548.

[35]) Dass Philipp in Wien den Oberbefehl führte, oder selbst nur als Ehrenpräses dem Kriegsrathe vorstand, wie auch in neueren Geschichtswerken angeführt wird, ist vollkommen unrichtig. Wenn er in Meldeman's Rundsicht als »Obrister des Kriegßvolk der Stat« angeführt ist, so kann sich das wohl nur auf das Kriegsvolk aus dem Reiche beziehen. Sein Siegel und seine Unterschrift ist auch auf keinem der Kriegsraths-Beschlüsse zu finden, und diese wurden ihm von Salm ebenso zugestellt, wie den übrigen Unterbefehlshabern. Mit Bericht vom 26. September 1529 (Original im k. u. k. Haus-, Hof- und Staats-Archiv, Fasc. IB, vollinhaltlich abgedruckt in Hormayer's Taschenbuch. 1827, S 142) beantragt der Kriegsrath, König Ferdinand möge dem Pfalzgrafen Philipp »ain genedigen Dankbrief für sein freiwilliges Ausharren in Wien zuschreiben«.

[36]) Im selben Berichte vom 26. September wird angeführt: »Dass die Burger, so in der Musterung in die vierthalb tausend vorhanden gewest, nu kaum in die hundert und wenig darüber, alhie, sondern all gewichen sein, das etwas spotlich zu hören«. woraus zu schliessen ist, dass, wenn auch die vorstehende Angabe übertrieben sein dürfte, doch die mehrfach angeführten Angaben, es hätten sich 1500 Bürger und Studenten unter den Vertheidigern befunden, und es wären 700 Bürger geblieben, nicht begründet sind.

[37]) In einer Nachschrift zum Berichte vom 26. September wird noch gemeldet, dass die Türken auch am linken Ufer der Donau in grossen Haufen heraufziehen,

Noch im letzten Augenblicke, zum Theil schon im Angesicht des Feindes, wurde gegen die Donauseite zu der dort schwachen Hauptumfassung ein hölzerner Wall vorgelegt und beim Salzthurm ein neues Bollwerk errichtet. Die Stadtthore wurden nach und nach vermauert und verrammt, zuletzt das Stubenthor; nur das Salzthor blieb offen.[38]) Der Feuersgefahr wegen wurden alle Holz- und Strohdächer abgedeckt und durch eine Erdschichte ersetzt.

Die mit vielem Aufwand hergestellte Donauflotille von achtundzwanzig grösseren Schiffen musste verbrannt und versenkt werden, um nicht in die Hände der Türken zu fallen, weil die zur Bemannung derselben bestimmten Galeoten — Schiffleute aus dem Küstenlande —, die Niklas Sauber beistellen sollte, nicht rechtzeitig eintrafen.[39])

Am Morgen des 23. September, nach einer stürmischen Nacht, fielen 500 Reiter unter Hardegg bei dem noch nicht vermauerten Stubenthor und durch die Niklaspforte aus, um den herumstreifenden Horden ein Ziel zu setzen. Sie geriethen aber bei St. Marx in einen Hinterhalt. Von mehreren Seiten mit überlegenen Kräften angefallen, kamen sie in Unordnung und mussten sich mit einem Verluste von drei Todten und sieben Gefangenen zurückziehen. Unter letzteren befand sich auch der Fahnenjunker Christian Zedlitz, welcher mit dem Pferde gestürzt war und seine Fahne dem Reiter Wilhelm Oberbeck zuwarf, der sie glücklich in die Stadt zurückbrachte. Als die Vorstadt vor dem Stubenthor am rechten Wienufer nach der Rückkehr der Reiter Hardegg's von der Besatzung geräumt worden war, wurde sie alsbald von den Türken besetzt und sammt dem St. Niklaskloster niedergebrannt.

Am folgenden Tage mussten die Gefangenen mit auf Spiesse gesteckten Köpfen dreier der gefallenen Kameraden und mit vier von den im Siechenhaus zu St. Marx ermordeten Pfründnern dem Sultan gegen

---

was sich in der Folge nicht ʒbestätigte; auch wird die Besorgnis ausgesprochen, dass die Türken die Donaubrücken angreifen und zerstören würden. Schliesslich wird noch gebeten, das Geld zur Besoldung der Truppen nach Korneuburg zu senden, von wo für die Weiterbeförderung desselben gesorgt würde.

[38]) Stern von Labach u. a. erwähnen ausdrücklich, dass »die Statthor all, ausgenommen der Salzturm, den man zum ausfallen offen gelassen, verpolwercht und zum tail vermauert worden« sind. Das Stubenthor wurde zuletzt vermauert; der Ausfall am 23. kann daher nur durch selbes geschehen sein. Wenn auch anzunehmen ist, dass Ausfallpforten in den Graben vorhanden waren, so konnten durch selbe doch nur Ausfälle mit kleineren Abtheilungen gemacht werden.

[39]) In Meldeman's Rundsicht wären die Schiffe unterhalb der Schlagbrücke versenkt worden.

Bruck entgegen gehen. Vor den Sultan geführt. wurden sie verhört: ihre Aussagen, dass die Besatzung entschlossen sei, sich bis zum Tode zu wehren, nahm der Grossherr sehr ungnädig auf. Ueber die Stärke der Besatzung und den Aufenthalt des Königs Ferdinand gefragt. wurde geantwortet: »Die Besatzung bestünde aus 20.000 Mann zu Fuss und 2000 Reitern und der König befinde sich 25 Meilen von Wien, in Linz.« Der Sultan entgegnete: »Den König werde er zu finden wissen, wo immer er sei.« Von den Gefangenen wurden drei, darunter Zedlitz[40]), zurückbehalten, die übrigen aber mit drei Ducaten beschenkt in die Stadt entlassen, mit dem Auftrage, dort bekanntzugeben, der Sultan wolle die Stadt schonen und sie von seinem Kriegsvolke gar nicht betreten lassen, wenn sie sich ergebe, widrigenfalls aber werde er sie verderben und verbrennen und weder Jung noch Alt schonen.

Am 24. September kamen die türkischen Schiffe — angeblich bei 400 — donauaufwärts bis zur Taborbrücke. Die Nassadisten versuchten dieselbe anzuzünden und durch Abwerfen der Streuhölzer ungangbar zu machen; auch verbrannten sie das für die Erhaltung der Brücke angehäufte Bauholz.

---

[40]) Zedlitz, in allen ritterlichen Künsten bewandert und von hervorragender Kraft, zog die Aufmerksamkeit des Sultans derart auf sich, dass er ihn die ganze Zeit während der Belagerung ehrenvoll hielt und ihn zum Schlusse reich beschenkt entliess.

Drittes Capitel.

Am 25. September hielt der Sultan Rast. Nachdem seine Aufforderung zur Uebergabe der Stadt unbeantwortet blieb, ordnete er den Vormarsch des ganzen Heeres gegen Wien und das Beziehen der Lager nahe der Stadt an.

Als am Morgen desselben Tages, schon im Angesichte des Feindes, die letzten zwei Fähnlein Reichstruppen — eines aus Nürnberg — in der Stadt anlangten, meldeten sie, dass ihnen zwischen Traismauer und Tulln 5000 Flüchtlinge — Bürger mit Weib und Kind, Mönche und Nonnen — begegnet wären; dieselben wurden bald darauf von herumschwärmenden Türkenhaufen überfallen und nahezu alle niedergemacht.

Nach dem Eintreffen der letzten Reichstruppen war die Besatzung von Wien, die wehrfähigen Bürger eingeschlossen, auf 17.000 Mann Fusstruppen, 1400 schwere und 1200 leichte Reiter gestiegen.[1]

* * *

---

[1] Im k. u. k. Kriegsarchiv, Fasc. VIII, 5, ohne Datum ist nachstehendes »Verzeichnuß der Hauptleut, und wivill Man ein Jeder in der Wienerischen Belegerung anno 29 undter Imo gehabt hat:

Leonhard von Velss, Ritter Khu. Mt. Rat und
Camerer hielt unter Imo . . . . Fändl 7
Eck von Reischach, Ritter Kh. Rath .   . . » 6
Hans Brunnmeister . . . . » 2

3*

Den 26. September, nachdem das ganze türkische Heer vor der Stadt erschienen war, wurde dieselbe in sechs Vertheidigungsabschnitte — Quartiere — getheilt und wie folgt besetzt:

Vom Rothenthurm über den Biberthurm, das Stubenthor und bis zur Hälfte der Mauer zwischen diesem und dem Kärntnerthore stand der Pfalzgraf Philipp mit den Reichstruppen, 5000 Mann zu Fuss und 100 Reitern. Ueber die Fusstruppen, welche in zwei Regimenter zu je sieben Fähnlein formiert waren, standen die Oberste Kunz Gotzmann und Jakob von Werdenau, welche beide als Kriegsräthe bei dem Pfalzgrafen Friedrich in Krems zurückgehalten worden waren, dann die Hauptleute Georg von Laufenholz, Hans Taubenlang, Hans Gundelfingen, Hans von Riedlingen, Michael von Lamberg, der Züchenmacher von Nürnberg, Caspar Altmulstainer, Ludwig von Grafeneckh, Rudolf von Papenheimb, Georg Langarter von Greifenstain, Hans Mergel

Ruprecht von Ebersdorf . . . . Fändl 1
Caspar Ritschan . . . . » 1
Wolfgang Hazen . . . . » 1
Maximilian Leisser . . . . » 1
Sigmund Leisser . . . . » 1
Hans Surg von Surgenstein . . . . » 1
Maximilian Auer von Hernkirchen . . . . . . » 1
Hanns von Faulach . . . . » 1
Abel von Holneck aus Steyer . . . . » 1
Antoni Rud von Kholnwurg aus Steyer . . . . » 1
Christof Saler aus Kärnthen . . . . » 1
Christof von Neunfels . . . . » 1
Wolfgang von Pfaffendorf . . . . » 1

Hispanische Hauptleut:
Ludwig von Avales, Johann von Aquilera, Johann von Salinos, Melchior von Sillavuel . . . 500 Mann Hispanier.

Pfalzgraf Philipp neben dem das er mit 14 Fändl zu Wien zeitlich ankumben, führt noch . . . . 100 Reiter
Wolfgang von Rogendorf Kh. Rath . . . . . 500 »
Bartelme Weissenecker aus Steyer . . . . . . 250 »
Leonhardt Lochner aus Kärnten . . . . 200 »
Hanns Graf von Hardeckg aus Oesterreich . . 250 »
Niklas Schinzenbauer führt unter Hansen Khazianer . . . . 160 »

Hans Khazianer aber hielt unter Ime eine Anzahl ringer Pfärdt.

Etliche Hungarische Herren Prachten mit sich 28 Ringe Pferdt.

Niklas von Thurn hielt auch unter Jme ein Anzahl Hisp. u. Teutsch. Kriegsvolkh. Es haben sich auch in die 12 vom Adl so damaln khainem Haupt untergeben sein wollen in und ausser der Besatzung wider den Veundt ritterlich gebrauchen lassen.«

Wien zur Zeit der Belagerung im Jahre 1529.

Grofse

Oberer Werd

Donau

Unterer - Werd

D o n a u

Lange Brücke

Siechenals

Als-Bach

Juden Th.

Schotten Thor

Im Elend

Werder-Th.

Salz Th.

Rothenthurm Th.

Arsenal

Schlag Brücke

Pyber Thurm

Predigerhl.

Stuben Thor

St. Jakob

Burg Th.

Augustinerkl.

St. Niklas

St. Ulrich

Kärntner Th.

St. Coloman

Spital

St. Niklas Th.

Spittel-Mühle

St. Thibald Pl.

Wien

Laszlo Thurm

St. Margareten

Klagbaum

Vertheidigungs-Bezirke:

I. Reichstruppen unter Pfalzgraf Philipp;
II. Eck von Reischach mit Truppen aus den Vor-
landen, Tirol, Kärnten und Krain;
III. Abel von Holneck mit Steirern;
IV. Leonhard von Vels mit dem alten Haufen;
V. Weiprecht von Ebersdorf mit Oesterreichern
und Spaniern;
VI. Ernst von Brandenstein mit Böhmen.

1 : 25.000

200   0   100   400   600   800   1000 M.

von Memingen. Hans Hablitz. Wilhalmb Talhaimer und Christoph Judt.
Ferner war bei den Reichstruppen noch der Oberste Zeugmeister
Michael Bächem mit 24 »Püxenmeistern«.

Diesem Abschnitte schloss sich über dem Kärntnerthore bis zum
Augustinerkloster Eck von Reischach mit 3000 Mann aus den Vor-
landen, Tirol, Kärnten und Krain an, in sechs Fähnlein unter dem
Obersten Hans Ulrich von Rottenburg, mit den Hauptleuten Hans
Dietrich von Hocheneck, Maximilian Auer von Herrnkirchen, Georg
Hans von Purkstall, Hans von Faulach, Stephan von Neuenfels und
Wolf Pfaffenlap. In diesen Abschnitt, welcher dem Angriffe der Türken
zumeist ausgesetzt war, wurden in der Folge die mit Schiessgewehren
besser ausgerüsteten Spanier beordert, während das Fähnlein der
Kärntner sie »Am Elend« ersetzen musste.

Abel von Holleneckh mit seinem Fähnlein und jenem des An-
thony Rudt von Kolnburg (1000 Steirer) besetzte die Strecke vom
Augustinerkloster bis zum Burggarten.

Die Burg und die Strecke bis zum Schottenthor vertheidigte
Leonhard Freiherr von Vels mit 2200 Mann des alten Haufens — so
wurden die früher in Ungarn verwendeten Söldner genannt — in sieben
Fähnlein unter den Hauptleuten Gilg Freiherr von Vels, Caspar
Ritschan, Wolf Hagen, Sigmund und Maximilian Leisser, Hans Surg
von Surgenstein und Hans von Kromoser. Hier waren auch zwei
Compagnien der bewaffneten Bürger unter ihren Hauptleuten Hans
von Greiseneck und Leonhard Hauser eingetheilt, während den übrigen
Bürgern die Aufrechthaltung der Ordnung in der Stadt und die Feuer-
polizei unter Leitung des Bürgermeisters und des Stadtrichters zufiel.

Bis zum Werderthor stand Weiprecht von Ebersdorf mit 2000 Mann
Oesterreichern unter den Hauptleuten der beiden Wienerwaldviertel,
Lamigius von Puechheimb zu Raps und Grumpach und Hans von Lapitz,
dann jene der beiden Manhartsbergviertel, Sigmund von Puechheimb
zu Gellersdorf und Sebastian Hager zu Allentsteig, und den Haupt-
leuten des österreichischen Aufgebotes Hans Enzeweiser und Richard
Ifanger. »Am Elend« standen noch 700 mit Hakenbüchsen bewaffnete
Spanier unter dem Maistre de campo, Ludovicus de Avalos, und den
Hauptleuten Melchior de Villarnell, Johann de Salinos und Johann
de Aquilera. Die Spanier wurden in der Folge durch ein Fähnlein
Kärntner ersetzt.

Vom Werderthor bis zum Salzthurm und dann bis zum Rothenthurm stand endlich der Trabantenhauptmann und Oberst Ernst von
Brandenstein mit 2000 böhmischen Fussknechten in vier Fähnlein ge-

ordnet unter den Hauptleuten Wilhelm Zwirchzedizky von Warten-
berg, Peter von Proseikh, Peter Ginnch von Malitzina und Peter
Wopitsch.

Hinter den Vertheidigungsabschnitten waren die Abtheilungen
der Reiter vertheilt, welche als solche wenig Verwendung fanden, da
Ausfälle, so lange die Stadt eingeschlossen war, nur durch das Salz-
thor stattfinden konnten: doch betheiligten sich die Reiter auch eifrig
an den Kämpfen auf den Wällen zu Fuss. Hinter dem Abschnitt am
Kärntnerthore standen Hans Katzianer's 160 Reiter unter Niklas
Schinzenpeiner und der Kärntner Hauptmann Linehard Lochner zu
Liebenfeld mit 200 Pferden. Hinter den Böhmen stand mit 500 Pferden
Johann Graf zu Hardegg, welchem sich 32 treu gebliebene Ungarn
angeschlossen hatten.[2]) Der Rest der Reiter unter Wolfgang von
Rogendorf[3]), Niklas von Thurn, Sigmund Weichselberger und Paul
Bakić war auf den verschiedenen Plätzen der Stadt vertheilt.

Ueber das Geschützwesen und die Munition stand der Kriegsrath und Oberstzeugmeister von Niederösterreich, Ulrich Leysser,
welcher nur über 74 Feuerwerker verfügte.

Die Geschütze wurden längs der Umfassung vertheilt, ihre Stellung aber auch während der Belagerung nach Bedarf verändert. Auf
dem Bollwerk vor dem Biberthurm zur Bestreichung der Schlagbrücke
stand eine Singerin und zwei Falkonete. auf dem Thurm selbst ebenfalls zwei Falkonete. Im Garten des Predigerklosters wurden durch
die Mauer vier Scharten gebrochen und dahin eine Halbschlange und
ein Falkonet bestimmt. Auf der Katze (Cavalier) am Chor der Kirche
stand eine Halbschlange und ein Falkonet, auf dem Dache des Klosters,
gegen das Stubenthor gerichtet, zwei Halbschlangen. Zwischen dem
Stuben- und Kärntnerthore wurden zehn Scharten gebrochen, für die
acht Falkonete und eine Singerin bestimmt waren. welche auf die
gegenüberstehenden Häuser gerichtet wurden: die Scharten mussten
später wieder vermauert und die Geschütze auf die hinter der Mauer
stehenden Häuser gestellt werden. Auf dem St. Jakobskloster standen
zwei Falkonete: in Eck von Reischach's Stellung standen drei Haubitzen,
eine Singerin und drei kleine Mörser; auf einem Hause unweit des
Kärntnerthurmes zwei Falkonete. oben auf dem Thurme eine grosse
Nothschlange. eine Halbschlange und ein Falkonet, in demselben zwei

---

[2]) Die Edelleute Georg von Szeredi, Georg Hatalini. Adam Honory und Johann
Norowsky mit ihren Leuten.

[3]) Wolfgang von Rogendorf, ein Bruder Wilhelms von Rogendorf, war Befehlshaber über 500 Reiter.

eiserne Falkonete und auf dem Ravelin davor ein Falkonet. Auf der Kirche St. Clara stand eine Halbschlange und auf dem Dache des Klosters ein Falkonet, das später gegen die Bresche gerichtet wurde; auf dem Platze daselbst standen zwei Haubitzen, ein grosser und zwei kleine Mörser. Gegen das Augustinerkloster zu wurden drei Scharten gebrochen und dahinter eine Cartaune, eine Singerin und eine grosse Nothschlange aufgestellt. Später wurde am Augustinerkloster ein hohes, hölzernes Bollwerk aufgestellt, um damit den Feind aus den Vorstädten zu vertreiben; bevor es noch vollendet war, zogen die Türken aber ab. Daneben, im Burgthurm, waren zur Bestreichung des Grabens zwei Steinbüchsen und oben zwei Falkonete angebracht. In der Burg stand eine Haubitze und fünf Falkonete. Zwischen der Burg und dem Schottenthore stand eine Cartaune, und für acht in die Mauer gebrochene Scharten waren nach Bedarf drei Halbschlangen bestimmt. Auf dem Schottenthore standen zwei Falkonete; auf dem Ravelin davor eine Singerin und eine Halbschlange. Bei dem Juden-thurm standen eine Cartaune, zwei Falkonete, und auf demselben eine grosse, lange Nothschlange. Unterhalb der Regengasse (Renngasse) stand eine Singerin und eine Halbschlange auf die Donau und auf den Wörth — die Insel — gerichtet. Vor dem Werderthore und auf dem Salzthurm standen je zwei Falkonete.

Die Leitung der fortificatorischen Arbeiten während der Be-lagerung blieb in den Händen des Brückenmeisters und königlichen Baumeisters Tscherte.

Die Proviantierungsangelegenheiten leitete der Vicedom Dtr. Marks Pöck von Leopoldsdorf mit Hilfe des Unterproviantmeisters Jobst Lilgenberger.

Als Kriegsräthe verblieben in Wien die Räthe Hans Greissenegg. Helfrich von Meggau, Erasmus von Obritschan und der Unterfeldmarschall Hans Apfalter. Unter den Kriegssecretären war auch Peter Stern von Labach, der die Belagerung der Stadt als Augenzeuge beschrieb.

Ohne bei den Truppen oder Aemtern eingetheilt zu sein, blieben noch in Wien: die Befehlshaber der aus Ungarn zurückgezogenen Truppen, Hans Katzianer, Niklas von Thurn, Paul Bakič, der Haupt-mann von Raab Christoph von Lamberg, dann der königliche Ober-stallmeister Wilhelm von Herberstein, der königliche Jägermeister Jorg Wolframstorfer, der Hauptmann von Zengg Erasmus Scheuer, die Grafen Wolf zu Oetingen und Ruprecht zu Munderscheit, und die Herren Hans Haug zum Freinstein, Hieronymus Rickh und Sigmund Gindeschaufer.

Wiens Umgebung zur Zeit der Belagerung 1529.

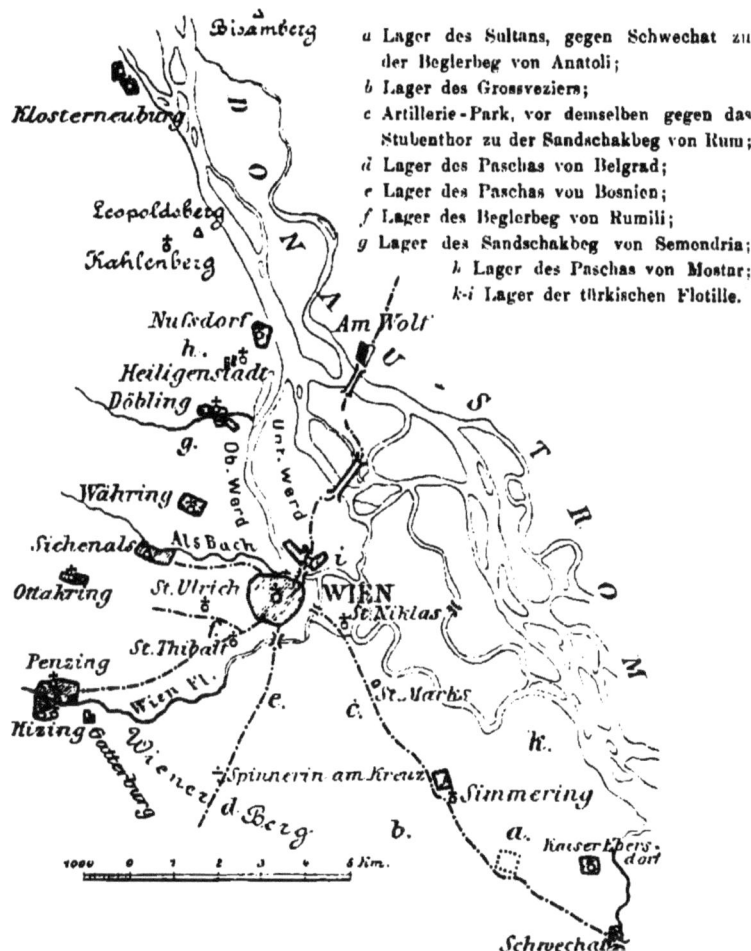

a Lager des Sultans, gegen Schwechat zu der Beglerbeg von Anatoli;
b Lager des Grossveziers;
c Artillerie-Park, vor demselben gegen das Stubenthor zu der Sandschakbeg von Rum;
d Lager des Paschas von Belgrad;
e Lager des Paschas von Bosnien;
f Lager des Beglerbeg von Rumili;
g Lager des Sandschakbeg von Semondria;
h Lager des Paschas von Mostar;
k-i Lager der türkischen Flotille.

Wie die Besatzungstruppen aus den deutschen, den österreichischen Ländern und aus Spanien zusammengesetzt waren, so betheiligte sich auch der Adel dieser Länder zahlreich in den verschiedensten Stellungen, vorzüglich aber als einfache Krieger an der Vertheidigung der Stadt. Ausser den bereits Genannten finden sich unter ihnen nebst vielen anderen die Namen: Bibra, Grafeneck, Kellersberg, Kheffenhiller, Kintzky, Nimbtsch, Puppenheimb, Rechberg, Salamanka, Schamberg, Schaumburg, Schönburg, Schwarzenberg, Schulenburg. Starhemberg, Seckendorf, Seitlitz, Sinzendorf, Trautmansdorf und Vetter. Diego de Serava[1]), der Erzieher spanischer Edelknaben, welche ihm entflohen waren, um in den Reihen der Vertheidiger Wiens zu kämpfen, stellte sich nach ihrer Auffindung voll Feuer selbst an ihre Spitze.

Vom Stephansthurm aus wurden alle Bewegungen der Türken genau beobachtet und die vom Feinde beabsichtigten Stürme durch eine in der bedrohten Richtung ausgesteckte Fahne angezeigt. Salm selbst weilte oft oben, eilte jedoch bei drohender Gefahr sofort auf den Wall.

Von den Mitgliedern der Regierung verblieben während der Belagerung in Wien: Der Statthalter von Niederösterreich. Georg von Puchheimb, die Räthe Felician von Petschach[2]). Hans von Eibeswald, Trojan von Auersperg. Raimund von Dornberg, Seyfried von Khollonitsch und der Dtr. Hans Kaufmann.

Am selben Tage, den 26. September, bezog das türkische Heer die sämmtlichen Lager rings um Wien. Für den Sultan wurde das Lager in der Entfernung einer Meile von der Stadt, bei Ebersdorf, an der Stelle, wo jetzt das Neugebäude steht. errichtet. [3]) Auf freiem Feld stand weit sichtbar das prächtige, mit allem orientalischen Luxus ausgestattete Zelt des Grossherrn; den freien Platz um selbes umgaben die Lagerstätten seines Hofstaates, seiner Leibgarde (500 Bogenschützen, Solak genannt) und der zu seiner Umgebung gehörigen sechs Rotten Reiter. Vor dem Lager des Sultans — der Stadt zu — war jenes der Janitscharen, des Kernes des osmanischen Heeres; hinter demselben

---

[1]) Eine lateinische Beschreibung der Belagerung wird mit Unrecht dem Diego Serava zugeschrieben, dem sie nur von einem ungenannten Verfasser gewidmet ist.

[2]) Felician von Petschach wird schon den 26. October seines besonderen Eifers wegen durch Rogendorf dem König empfohlen.

[3]) Der Raum, welchen das Lager Suleiman's einnahm, wurde später unter Kaiser Rudolf II. zu einem Lustgarten verwendet; wo das Zelt des Sultans stand, erhob sich ein kaiserliches Lustschloss; auch wurden in den weitläufigen Umfassungsgebäuden allerhand wilde Thiere gehalten. Gegenwärtig befindet sich daselbst ein Artilleriedepôt.

— gegen Schwechat zu — war das Lager des Beglerbeg von Anatoli.
Von Simmering gegen den Laaerberg war das Lager des Grossveziers
Ibrahim Pascha mit jenem des Defterdar (Kanzler und Schatzmeister)
mit dem gesammten Verwaltungsapparat. Nicht weit davon lagerten
auch die den Heereszug begleitenden Ungarn, später auch der im
Lager eingetroffene verrätherische Erzbischof von Gran. [1]
Vor St. Marx, gegen den Wienerberg zu, stand der Artillerie-
park, bei 300 Geschütze, darunter jedoch nur wenige schwere, da
viele der letzteren, der schlechten Wege halber, in Ungarn zurückgelassen wurden. [2] Benennung und Caliber der Geschütze war ver-
schieden: Schlangen, Cartaunen (türkisch Sarbun), Falken (Schahi),
Falkaunen und Falkonete (Kolumburne), Haubitzen (Obizzi oder Bed-
luschka), Steinbüchsen und Mörser, Feuerkatzen und Feuerhunde. Der
Artillerie- und Munitionspark wurde zu seinem Schutze mit einem
tiefen Graben und Wall umzogen, ausser welchem der Tobdschibaschi
(Artilleriegeneral). dann der Dschebedschibaschi (Oberzeugwart) und
der Toparabadschibaschi (der Befehlshaber des Trains) lagerten.

Hinter dem Wienerberg bezog der Befehlshaber der Vorhut,
Kutschuk Balibeg, der Pascha von Belgrad, sein Lager; vor demselben,
der Stadt zu, bis zum Klagbaum (Wieden), der Pascha von Bosnien,
Chosrevbeg, der Befehlshaber der Nachhut. Bei St. Ulrich vor dem
Burgthore lagerte der Beglerbeg von Rumili mit den Truppen aus
Bulgarien und Serbien. gegen Döbling zu der Sandschakbeg von
Semendria Mohamedbeg. und bei Heiligenstadt der Pascha von Mostar.
Vor dem Stubenthore — vorgeschoben gegen die Angriffsfront —
stand der Sandschakbeg von Rum (Amasia in Kleinasien) und längs
der Donau zu, von Schwechat aufwärts bis gegen die Schlagbrücke.
lagerte Kasimbeg mit den Martolosen und Nassadisten, auf ungefähr
500 kleineren Donauschiffen.

Wien war nun nahezu eingeschlossen, nur gegen Norden war
eine Verbindung mit dem Lande noch möglich. Noch am selben Tage
setzten sich die Janitscharen in den Vorstadthäusern vor dem Kärntnerthore fest; sie brachen Scharten in die zum grössten Theile noch

---

[1] Erzbischof Várday war ein Mann, der es stets mit der Partei hielt, welche
ihm augenblickliche Vortheile gewährte. In Suleiman's Tagebuch ist er als »Fürst
mit Namen Érsek« (Erzbischof) angeführt, was sich nur auf diesen und nicht, wie
Hammer meint, auf den Gelehrten Athinai bezieben kann. In einem Schreiben vom
8. October 1530 an den Papst sucht Varday in recht lahmer Weise sein Verhalten
zu vertheidigen.

[2] Einige der schwersten Geschütze sollen schon des schwierigen Transportes
wegen in Belgrad zurückgelassen worden sein.

stehengebliebenen Mauern und führten dahinter Geschütze auf. Nächst dem Graben besetzten auch Schützen die Ruinen der dem Kärntnerthore gegenüber stehenden Häuser und überschütteten die Stadt unaufhörlich mit einem Kugel- und Pfeilregen.[9] Die Geschosse fielen auf die Dächer der Häuser nieder wie ein Hagel, durch die Kärntnerstrasse konnte man kaum gehen.

Die Belagerungsarbeiten — Annäherungen und Batterien — wurden sogleich in Angriff genommen und hiezu die Linie vom Augustinerkloster bis gegen das Stubenthor zu ausersehen, wo die niedergebrannten Vorstädte den Türken die besten Deckungen gewährten, welche auch sogleich zu Aufstellungen von Geschützen verwendet wurden. Batterien wurden nächst dem Laszlothurm —· ungefähr im Anfange der Wiedener Hauptstrasse — für acht schwere Geschütze, und bei der Spitalmühle an der Wien, ungefähr an der Stelle des Curpavillons im Stadtparke, errichtet.[10]

Bei der grossen Stärke des türkischen Heeres konnte die Mannschaft für den eigentlichen Angriff fortwährend gewechselt werden. und so scheinen auch auf der Angriffsfront ununterbrochen 5000 bis 6000 Mann in Verwendung gestanden zu sein.

* * *

Den 27. September, gegen 9 Uhr Morgens, fuhren Nassadisten mit ungefähr 200 Schiffen donauaufwärts bis zur langen Brücke. um die Stadt von jeder Verbindung abzuschneiden und sich in den Auen festzusetzen. Bei dem Mangel der Flotille konnte ihr Vorgehen auf dem Flusse nicht verhindert werden. Um die Nassadisten zu vertreiben, fielen acht Fähnlein — ungefähr 3000 Mann — und einige Hundert Reiter durch das Salzthor aus und setzten über die Schlagbrücke in die Auen.[11] Es gelang zwar, die Besatzung der Schiffe wieder in dieselben zurückzutreiben, doch konnte die Zerstörung der über die Donau führenden Brücken nicht gehindert werden. Nachdem die Brücken für die Vertheidigung der Stadt nun keinen Werth mehr hatten, betheiligten sich auch Ausfalltruppen an der Zerstörung derselben. Die Nassadisten zogen nun mit ihren Schiffen aufwärts bis Nussdorf, wo sie sich festsetzten, während die Ausfalltruppen nach ihrem Rückzuge auch die Schlagbrücke über

[9] Hammer führt an, dass die Pfeile mitunter künstlich geschmückt und sogar mit Perlen besetzt waren, und bringt als Beispiel die Inschrift eines Pfeiles aus der zweiten Türkenbelagerung, zu welcher Zeit Bogen und Pfeil wohl nur mehr ein Zierwaffe war.

[10] In Meldeman's Rundsicht ersichtlich.

[11] Paul Pessel's Beschreibung.

den Donauarm abtrugen. [12]) Die Verbindung mit dem linken Donauufer war nun vollständig unterbrochen; nur wenige Waghälse durch-
schwammen noch während der Belagerung die Donau, um den Verkehr zwischen König Ferdinand und dem Grafen Salm zu vermitteln.
Am selben Tage trat auch Pfalzgraf Friedrich mit den unterdessen bei Krems gelandeten Reichstruppen am linken Donauufer den
Marsch gegen Wien an, kehrte aber auf die Nachricht, dass alle
Uebergänge über die Donau ungangbar wären, gleich wieder um und
begnügte sich, auf dem Bisamberge einen Beobachtungsposten zurück-
zulassen, der ihm über die Vorgänge in der Stadt berichten sollte. [13])

* * *

Dienstag, den 28. September, unternahmen die Belagerten einen
Ausfall beim Burgthor gegen das Kärntnerthor zu und überfielen die
Türken, von welchen sie den Tschausch (Generalstabsofficier) Farfara
Iskender und zwei Jajabaschi (Hauptleute) nebst einigen Janitscharen
niedermachten, während der eigene Verlust nicht mehr wie drei Mann
betragen haben soll. [14]) Am Nachmittag gegen zwei Uhr kamen acht
Schiffe von Nussdorf gegen die lange Brücke herab, um hier zu landen;
dies Vorhaben vereitelten jedoch die Spanier, indem sie vom Werderthor aus die Ruderer erschossen, so dass die Schiffe wieder umkehren
mussten. [15])

Von diesem Abende an verstummten die Glocken der Stadt, nur
die Viertelstunden wurden mit der Primglocke — einem kleinen, die
Chorherren am Morgen zum Gebet rufenden Glöckchen — geschlagen.

Von nun an vergieng fast kein Tag, an dem nicht die Deutschen,
die Böhmen oder die Spanier — besonders die letzteren — in kleinen
Truppen, mit 30 bis 100 Mann, vom Salzthor aus, vielleicht auch durch
Ausfallpforten, Ausfälle gegen die vor dem Schottenthor gelegenen

[12]) Paul Pessel, Peter Stern und Meldeman's Rundsicht.

[13]) In Meldeman's Rundsicht durch vier Reiter auf dem Bisamberge angedeutet.

[14]) Peter Stern und Meldeman geben den 27., Pessel den 29. September an,
während in Suleiman's Tagebuch der 28. angeführt ist, was mit Rücksicht auf die
Einzelheiten, sowie in Uebereinstimmung mit dem »Gründlichen Bericht« richtig sein
dürfte. Nach Pessel wäre dieser Ausfall mit 2000, nach Stern und Meldeman mit
3000 Mann gemacht worden, wobei über 200 Janitscharen niedergemacht wurden,
was jedoch sehr unwahrscheinlich ist, wenn der eigene Verlust nicht mehr wie drei
Mann betragen haben soll. Ausfälle mit grösseren Truppenmassen durch die Ausfallpforten dürften überhaupt kaum unternommen worden sein.

[15]) Die Nachricht von diesem Versuch der Türken, in den Auen festen Fuss
zu fassen, bringt nur der »Gründliche Bericht«.

Weingärten unternahmen, die Feinde alarmierten und einige niedermachten, nicht selten aber auch selbst erhebliche Verluste erlitten.[16]

* * *

Am St. Michaelstage, Mittwoch, den 29. September, wollten die
Türken Rast halten. Ein Ausfall der Spanier unter ihrem Hauptmann
alarmierte aber das türkische Lager und veranlasste den Grossvezier,
mit seiner Reiterei die Pferde zu besteigen. Die Spanier wurden nun
nach hartem Kampfe zurückgeworfen, wobei ihr Fähnrich Antonio
Consargo blieb.[17] Der Grossvezier umritt nun auch die Stadt, um sich
vom Fortschreiten der Belagerungsarbeiten zu überzeugen, trug aber,
um unerkannt zu bleiben, statt seines weissen, mit Goldstreifen durch-
wirkten Turbans einen farbigen Shawl um den Kopf geschlungen.[18]
Zu dem schon seit mehreren Tagen herrschenden ungünstigen Wetter
gesellte sich hierauf auch Frost, der von den an wärmeres Klima ge-
wohnten Türken schwer ertragen wurde.[19]

Von nun an wurde in der Stadt die Vertheilung der Lebensmittel
eingeschränkt. Auf Anordnung des Proviantmeisters Pück von Leopoldsdorf erhielt jeder Hauptmann für sein Fähnlein oder seine Rotte täglich
einen Ochsen. Die Feldschreiber mussten aufnehmen, was in den
Häusern an Wein, Korn, Mehl, Fleisch, Salz und Schmalz vorhanden
war, um darnach die Vertheilung vornehmen zu können.[20]

* * *

Am 30. September hielt die ungünstige Witterung an, Sturm
und Regen währte die ganze Nacht über. Hiedurch begünstigt, wurde die

---

[16] Paul Pessel's Beschreibung.

[17] Pessel bringt wohl die Nachricht vom Tode Consargo's, aber nicht wann er
fiel. Dass Ibrahim zu Pferde stieg, bringt Suleiman's Tagebuch. Pessel meint auch,
wenn der Ausfall früher stattgefunden hätte, wäre es möglich gewesen, den Grossvezier zu fangen; doch scheinen die Nachrichten über die Ausfälle der letzten Tage
nicht verlässlich.

[18] Vier Jahre später erzählte das Ibrahim selbst den Botschaftern Duplicius
Schepper und Niklas Juruschitz in Constantinopel.

[19] Suleiman's Tagebuch meldet schon am 27. heftigen Regen. Der »Gründliche
Bericht« sagt: »Es regnet auch dieselbigen Nacht für und für, und es sollten billich
die Hundsköpf draussen erfroren sein, aber Unkraut verdirbt nicht.«

[20] Nach Peter Stern. Hammer führt an: Vom 1. October wurden für jede
Rotte täglich 8 Brote und 15 Mass Wein angewiesen, weil aber der Landsknecht,
des österreichischen Weines ungewohnt, leicht in Rausch verfiel und diesen zu lange-
ausschlief, wurde drei Tage später der Antheil des Weines um fünf Achttheile ver-
ringert.

Wache der Landsknechte an der Schlagbrücke durch den Ulufedschi-
baschi Perwanibeg mit einer Compagnie überfallen, die meisten der
Landsknechte niedergestochen, der Rest zurückgetrieben.[21])
Von der Schlagbrücke bis zum Salzthurme leistete die aus Floss-
bäumen hergestellte Vorwehr den am jenseitigen Ufer aufgestellten Geschützen, insbesonders einer grossen Kanone, guten Widerstand.

* * *

Freitag, den 1. October, ritt der Grossvezier mit allen Agas in
das Lager des Sultans nach Ebersdorf.

Am Morgen erschien vor dem Biberthurm ein Türke, der Einlass
begehrte und angab, seine Eltern wären Christen gewesen und von
den Türken erschlagen worden. Durch ihn erfuhr man, was bisher
noch nicht bemerkt worden war, dass die Türken zu beiden Seiten
des Kärntnerthores Minen graben, um auf diese Weise die Umfassungsmauern in Bresche zu legen. Man wollte ihm anfangs keinen Glauben
schenken und folterte ihn auch noch, um Angaben über die Stärke
des türkischen Heeres zu erhalten.[22]) Georg Hofer, der unter Abel von
Holneck stand, erbot sich, den Minen entgegenzuarbeiten, und es gelang
ihm in der That, eine der Minen nächst dem Kärntnerthurm am
folgenden Tage, gerade eine Stunde bevor sie zum Sprengen bereit
war, aufzufinden und unschädlich zu machen.[23]) Von nun an war die
Aufmerksamkeit der Belagerten auch besonders auf die feindlichen
Minen gerichtet, da man besorgte, dass die Türken mit denselben die
Mauern und Thürme einzuwerfen beabsichtigten und dann stürmen
wollten. In den Kellern der dem Walle zunächst stehenden Häuser
wurden nun bleibende Wachen aufgestellt, welche auf jedes unter-
irdische Geräusch zu achten hatten. Durch die Bewegung einiger auf

---

[21]) Nach Peter Stern und Suleiman's Tagebuch. Hammer übersetzt »Perwanibeg« mit »Schmetterlingsfürst, der Oberst der berittenen Rotte der Ulufedschi, d. i. der
Söldlinge«.

[22]) Pessel sagt, »er wurde peinlich befragt«, d. h. gefoltert. Seine Aussagen
sind noch bekannt; erst als er durch die peinliche Befragung sich zu den unglaub-
lichsten Aussagen über die Stärke des türkischen Heeres veranlasst sah, wurde ihm
Glauben geschenkt. Weil sich seine Angaben über die Minen bestätigten, sicherte ihm
Wilhelm von Rogendorf »sein Lebenlang ehrliche underhaltung und Provision« zu.

[23]) Georg Hofer war vermuthlich ein steirischer Bergknappe (in Pessel's Ver-
zeichnis der Edelleute erscheint er nicht). In einer Eingabe der Kriegsräthe vom
9. November 1529 (k. u. k. H.-K.-A. Fasc. 13.610) wurden Hofer 200 Gulden als Belohnung und eine lebenslängliche Provision versprochen und um Genehmigung derselben gebeten. Auf der Aussenseite derselben befindet sich die Erledigung: »Fiat ain
Provision umb 32 Gulden auf dem Wechselambt zu Schladming.«

einer stark gespannten Trommel gelegter Erbsen oder des Wassers in
einem offenen Becken glaubte man auf die Annäherung feindlicher
Minenarbeiter schliessen zu können. Sobald ein verdächtiges Geräusch
gehört wurde, arbeitete man dagegen, und es gelang auch manchmal,
das Pulver aus den fertigen Minen wegzunehmen oder unbrauchbar
zu machen, auch in die feindlichen Minen einzudringen und die Arbeiter
niederzumachen oder sie durch Gegenminen zu verschütten.[24]) Dass
die Minenarbeiten der Türken von den Belagerten nicht früher schon
entdeckt wurden, findet seine Erklärung wohl in dem Umstande, dass
sie unter dem Schutze der Ruinen der Vorstadt, vielleicht sogar mit
Benützung der ohne Zweifel dort vorhandenen Keller ausgeführt worden
sein dürften.

Dass der Hauptangriff der Türken sich auf jenen Theil des Um-
fanges der Stadt beschränkte, welcher von dem Bollwerke nächst dem
Augustinerkloster bis zur halben Front zwischen dem Stubenthore und
dem Kärntnerthore reichte, wo Eck von Reischach den Befehl führte,
stand nun ausser Zweifel. Wo die niedergebrannten Vorstädte ohnedies
bis an den Graben reichten, hatten sie sich demselben in tief ein-
geschnittenen Laufgräben genähert und sich hinter einem Erdaufwurf
festgesetzt.[25]) Das Feuer der Geschütze war nun namentlich gegen den
Stephansthurm und gegen sonst hervorragende Gebäude gerichtet, wogegen der Schaden, welchen die türkische Artillerie den Festungswerken
zufügen konnte, sowohl ihres schwachen Calibers, sowie der mangel-
haften Geschützbedienung wegen, verhältnismässig gering war. Mit
desto grösserem Eifer hatten sich die Türken nun auf den Minenkrieg

---

[24]) Dass die Strassenbenennung »Heidenschuss«, die Strasse zwischen Hof und
Freiung, mit der Türkenbelagerung von 1529 in Verbindung gebracht wurde, ist eine
Mythe. Das Haus daselbst, an dem ein Barbar zu Pferde mit Bogen und Pfeil angebracht ist, führte, nach einem Document im Schottenkloster, schon 1528 den Namen
»wo der Hayd scheußt«, der wohl auf den Einfall der Tataren 1242 zurückzuführen
sein dürfte. Lazius führt im XVI. Jahrhundert den Heidenschuss mit den Worten an:
»Ubi Tartarus flagitas ejaculatur.« Dass die Türken mit einem Minengang bis unter
den Heidenschuss gelangt und dort von einem im Keller arbeitenden Bäcker entdeckt
worden wären, ist wohl auch nur Sage, da eine Mine in der Belagerungszeit unmöglich weit vorgeschritten sein konnte. Das angeblich auf die Entdeckung einer Mine
beruhende, erst zu Beginn dieses Jahrhunderts abgekommene Privilegium eines feier-
lichen Umzuges der Bäckerzunft muss wohl auf die Entdeckung einer der Stadtmauer
näher gelegenen Mine zurückzuführen sein.

[25]) Hammer sagt, die Annäherung geschah in mehr als vierzigmal gebrochenen
Laufgräben, was wohl übertrieben ist. Auch in Meldeman's Rundsicht ist ein aus-
gedehntes System von Laufgräben nicht zu ersehen, und bei den Umständen, die sich
dem Belagerer so günstig von selbst boten, nahezu ganz entbehrlich.

geworfen, den sie mit vielem Geschick und mit Aufwand ausserordentlicher Arbeitskräfte zu führen verstanden.

* * *

Sonntag, den 2. October, fielen einige Leute beim Schottenthor gegen den Pascha von Semendria aus, wurden aber blutig zurückgewiesen.[26]) In Folge dieses Ausfalles entstand grosser Lärm. Durch anhaltendes Feuer wurde der Kärntnerthurm seiner Zinnen beraubt; um seine Vertheidigungsfähigkeit zu erhalten, mussten dieselben während der Nacht durch ein neues hölzernes Bollwerk ersetzt werden.

* * *

Den 3. October währte das Geschütz- und Kleingewehrfeuer ununterbrochen fort. Die Schlagbrücke vor dem Kärntnerthore wurde von den Türken angezündet, wobei mehrere Janitscharen verwundet wurden. Der Lehensträger von Valona, der Subaschi Komani Kasimbeg, wurde von einer Bombe getödtet.

* * *

Das feindliche Feuer währte die Nacht zum 4. October über fort. Als am Morgen in der Stadt das Feuer wieder aufgenommen wurde, zersprang auf dem Kärntnerthurm ein Geschütz. Die Besatzungstruppen blieben den Tag über in Bereitschaft, weil man fürchtete, die Türken würden den Versuch machen, die Mauer zu ersteigen. Eck von Reischach ermunterte seine Leute durch eine kräftige Ansprache. Janitscharen, die in den Graben kamen, steckten Fähnchen durch die Schiesslöcher: durch den Ausfall einiger Leute wurden sie wieder vertrieben. Gegen die Minen wurde von Seite der Belagerten eifrig gegraben.

Eine Frau, welche aus den Händen der Türken entflohen war, wurde über die Mauer gezogen; sie klagte, dass man ihren Mann vor ihren Augen niedergemacht, ihre Kinder erwürgt und ihre Tochter geschändet habe.[27])

* * *

[26]) Peter Stern erwähnt den Ausfall von »etlich Knecht« vor das Schottenthor. Suleiman's Tagebuch führt den Ausfall als gegen Mohamed Beg von Semendria (der in der Nähe des Schottenthores gegen die Donau zu stand) an, und sagt, dass die Ungläubigen mit einem Verluste von 30 Mann, denen die Köpfe abgeschnitten wurden, und von 10 lebend Gefangenen zurückgetrieben wurden.

[27]) Peter Stern erzählt diese Begebenheit und erwähnt ausdrücklich, dass die Frau über die Mauer gezogen wurde, was wohl auch darauf hinweist, dass selbst die Ausfallpforten nicht für alle Fälle genügten, und daher die Nachrichten über Ausfälle nur mit Vorsicht aufzunehmen sind.

Am 5. October ergieng an die Begs von Semendria und Bosnien der Befehl, mit allen ihren Leuten die Minenarbeiten zu fördern und Reisigbündeln zum Füllen des Grabens, sowie Leitern zum Sturme herbeizuschaffen. Als der Grossvezier eine Batterie besuchte, wurde er von der Stadt aus erkannt und die Batterie mit Kugeln überschüttet. Auch die Türken blieben in Erwartung eines Ausfalles der Besatzung den ganzen Tag über in Bereitschaft. In der Stadt wurden Abends noch Vorbereitungen für einen Ausfall getroffen.

Im Lager des Sultans erschien an diesem Tage auch der Erzbischof von Gran. [28])

* * *

Am Morgen des 6. October sollte ein Ausfall unternommen werden. Vier Fähnlein des alten Haufens, je vier Fähnlein der beiden deutschen Regimenter und mehrere Abtheilungen der Böhmen und Spanier, sowie der übrigen Truppen, ungefähr 5000 Mann, [29]) wurden ausgewählt und brachen, durch die Nacht begünstigt, unbemerkt beim Salzthor aus. Sie sollten längs des Grabens bis zur Burg vorrücken. um dann bei Anbruch der Dämmerung hervorzubrechen und die Arbeiter in den Gräben, sowie die Batterien zu überfallen und auch im Rücken zu nehmen. Wäre der Anschlag gelungen, so würde dem Feinde wohl grosser Abbruch geschehen sein; im Falle des Misslingens aber musste der Rückzug längs des Grabens sich für die Ausfallenden sehr ungünstig gestalten. Der Vormarsch verzögerte sich; bevor noch die vorderste Abtheilung ihr Ziel erreicht hatte, wurde es Tag, und durch das Geräusch, vielleicht auch in Folge eines von einem einzelnen

---

[28]) Suleiman's Tagebuch sagt: »Ein ungläubiger Fürst, mit Namen Ersek (Erzbischof), der nach ihrem Glauben von allen in ihrem Reiche befindlichen Gelehrten der erste sein sollte — es mochte keinen grösseren Fürsten als ihn geben — unterwarf sich dem Padischah und kam in das kaiserliche Lager.« Es kann dies nur der Graner Erzbischof Paul Várday gewesen sein, der das Heer begleitete, und nicht, wie Hammer meint, der Gelehrte Simon Athinai.

[29]) Sowohl Pessel wie Peter Stern bringen die Nachricht von diesem Ausfall, und auch in Meldeman's Rundsicht ist derselbe durch im Graben ziehende Kriegsleute angedeutet; ebenso ist er in Suleiman's Tagebuch angeführt. Dass dieser Ausfall aber, wie Pessel und Stern behaupten, mit 8000 Mann unternommen wurde — fast mit der Hälfte der Besatzungstruppen — ist unwahrscheinlich. Wenn 17 Fähnlein auch dabei betheiligt waren, wie Stern und Pessel sagen, so müsste jedes Fähnlein bei 500 Mann stark gewesen sein, was nicht sein kann. Den Ausfall für ganz unwahrscheinlich zu halten, wie Newald in »Graf Salm«, ist bei der Uebereinstimmung der angeführten drei Quellen aus beiden Lagern nicht anzunehmen.

Manne ausgestossenen Schreies,[30]) wurde der Feind aufmerksam und trieb die in dem Graben stehende Masse zurück. Der Rückzug scheint bald in wilde Flucht ausgeartet zu sein, die Leute drängten sich und warfen sich gegenseitig nieder. Hauptmann Wolf Hagen mit mehreren Leuten bemühte sich, den Rückzug zu decken, wurde aber bald überwältigt und später niedergemacht.[31]) Der Verlust der Belagerten betrug mehr als 500 Mann, während der Verlust der Türken — darunter auch Küstendil Alibeg, unter dem Namen Samu Ramadan bekannt — nicht bedeutend gewesen zu sein scheint.[32]) Gegen Mittag häuften die Türken nächst dem Graben Holz und Faschinen an, die auf Kameelen herbeigeschafft wurden. Die einen Sturm gewärtigende Besatzung blieb bis zum Morgen des folgenden Tages unter den Waffen.

* * *

Kaum war aber am 7. October die Besatzung mit Ausnahme der Bereitschaft in die Quartiere abgerückt, als sie wieder von Neuem alarmiert wurde, so dass einzelne Fähnlein über 24 Stunden wachen mussten. Die Türken suchten nun die Mauer im Bereiche von Reischach's Quartier zu untergraben und durch aufgehäuftes Pulver zu sprengen, wodurch wohl die Mauer bei St. Clara beschädigt, aber doch zumeist nur Lärm gemacht wurde.

Nachts kam ein Schreiben des Königs Ferdinand und des Pfalzgrafen Friedrich mit dem Versprechen von Entsatz.[33]) Durch Geschützfeuer und Feuerwerke gaben die Landsknechte ihrer Freude Ausdruck. Nicht in Kenntnis über die Bedeutung des Lärmes blieb der Sultan mit allen Paschas und ihren berittenen Rotten in Erwartung eines Ausfalles über die Nacht zu Pferde.

* * *

[30]) Pessel sagt, der Marsch wäre in Folge des Schreiens »durch einen Erlosen knecht« verrathen worden.

[31]) Wolf Hagen scheint mit einigen Landsknechten gefangen und später erst in der Kirche St. Märten erwürgt und enthauptet worden zu sein, da er nach Aufhebung der Belagerung dort gefunden und dann erst begraben wurde.

[32]) Suleiman's Tagebuch sagt: Aus der Festung fallen die Ungläubigen aus und kämpfen stark, endlich werden sie geschlagen und eine Anzahl zieht sich zurück in die Festung; indem eine andere Anzahl hinein will, trifft sie mit den gläubigen Kämpfern zusammen. Wie nun die erste Abtheilung nach der Festung zurückeilt, so schlägt diese aus Furcht, es könnten mit ihren Mitbrüdern die Gläubigen sich vermischen und in die Festung eindringen, das Thor zu, und der ausserhalb der Festung bleibende Theil der Ungläubigen springt über die Klinge; mehr als 500 werden die Köpfe abgeschnitten und auch Einige lebendig gefangen genommen.

[33]) In »Gründlicher Bericht«.

4*

Im Laufe des 8. Octobers fanden wieder kleinere Kämpfe statt.
Gegen Abend wurde ein gefangener Türke eingebracht, der aussagte,
dass der Sultan seinem Herrn, einem Hauptmanne, mitgetheilt habe,
er wolle die Mauern der Stadt an fünf Orten untergraben lassen, und
hoffe sie in drei Tagen niederwerfen zu können und dann einen Sturm
zu unternehmen; hiezu wäre der halbe Theil aller Truppen, zu Fuss
und zu Pferd, mit 400 Leitern ausgerüstet, zu verwenden. Vier Paschas
hätten den Befehl, diese zum Sturme bestimmten Truppen zu führen.
In der Stadt wolle der Sultan alles erwürgen lassen und die Stadt
selbst in den Grund brennen.[34])

*   *   *

Schon am 9. October, nachdem die Türken sich vergeblich be-
mühten, durch eine Schiessscharte unter dem Kärntnerthore in die
Stadt zu dringen, sprangen um zwei Uhr nachmittags zwei Minen in
der Mauer vom Kärntnerthore gegen St. Clara zu, worauf sogleich
ein bis fünf Uhr währender Sturm folgte,[35]) den die Besatzung mit
geringem Verluste abschlug, während von den Türken viele getödtet
wurden. Durch die Minen wurden mehrere der Vertheidiger sowohl
nach der Seite der Stadt, wie in den Graben geschleudert, ohne dadurch
wesentlichen Schaden zu leiden. Graf Salm selbst, Katzianer und andere
Führer hielten sich von nun an abwechselnd Tag und Nacht an den
meist gefährdeten Stellen auf.

Nach dem abgeschlagenen Sturme konnte es nicht mehr zweifelhaft sein, dass das Breschelegen und Anstürmen auf die eingeworfenen
Stadtmauern nun unmittelbar aufeinander folgen werde, um die Besatzung zu betäuben und zu ermüden, und sie endlich widerstands-

---

[34]) In einem Schreiben vom 9. October meldet der Kriegsrath dem Pfalzgrafen
Friedrich: »Das wir angestern abends ainen Türkhen gefangen, der hat an guetlicher
und peinlicher Frag bekennt, unnd der Turkisch kaiser seinem herrn, der ein Hauptmann über 1150 phert sey, zugeschriben und zuempotten hab, Er hab an funff orten
die Stat zugraben bevolchen, das Er verhoff, den dritten Tag als morgen, die Mauer
zu fellen, und dann den Sturm gewaltig anzulaufen und in solchem gewaltigen Sturm,
hab er verordnet, halben tail seines volks zu Roß und zu Fuess gen miteinander und
vier wascha yeden zu solchem Sturm zugeordnet, Vierhundert Sturmlaitern und so
. . . . welle Er alles so in der Stat ist erwürgen, und die Stat in Grund ver-
prennen . . . .« (K. u. k. Haus-, Hof- und Staatsarchiv, Fasc. 1 B; Newald bringt
in Beilage 11 den Brief im Wortlaute.)

[35]) In einem vom 10. October datierten »Postcripta« zu dem vorerwähnten
Schreiben erwähnt Salm, dass »der Turkh den neunden tag octobris umb zwo ur,
Zway Löcher, das ain vasst gross und das ander ziemlich gros mit Pulver in die
Stadtmauer geworfen«, und allsogleich bis fünf Uhr gestürmt hat.

unfähig zu machen. Suleiman musste auch schon zur Ueberzeugung gekommen sein, dass er einen Erfolg entweder schnell erreichen oder der vorgerückten Jahreszeit wegen darauf verzichten müsse.

Salm richtete am selben Tag ein Schreiben an den Pfalzgrafen Friedrich, in welchem er erwähnt, dass den Türken der Anzug eines Entsatzes wohl nicht unbekannt wäre, dass bei ihnen grosser Hunger herrsche und das Volk sich zur Einbringung von Lebensmitteln oft weit zerstreue, daher ein Angriff durch die Entsatztruppen jetzt besonders günstig wäre, doch müsse derselbe über Tulln und den Wienerwald geschehen. Salm bittet ferner in zwei »Postscripta« vom 10. October, Friedrich möchte den Brief »eylend und eylend« an König Ferdinand schicken, und bittet um Beschleunigung des Entsatzes, da die zur Verfügung stehenden Truppen viel zu wenig und zu schwach sind, um der grossen Macht der Türken, welche nun die Stadtmauer vom Burgthore bis zum Stubenthore zu untergraben suchen, länger zu widerstehen und die Stadt zu erhalten. Schliesslich wird die Bitte um Beschleunigung des Entsatzes noch wiederholt.[36]

* * *

Den 10. October währte das Feuer der Angreifer ununterbrochen fort. Wiederholt wurden Versuche gemacht, die Mauer zu ersteigen, vielleicht weniger in Erwartung eines Erfolges, als um die Besatzungstruppen zu ermüden. Die Minenarbeiten sowie auch die Versuche, ihnen entgegen zu treten, wurden eifrig fortgesetzt.[37] Die tagsvorher erzeugten Breschen wurden verbaut, und hinter denselben noch ein neuer Wall und Graben aufgeführt. Auf dem Stephansthurm und auf dem Platze vor dem St. Clarakloster ertönten nach dem Kriegsgebrauch die Heerpauken, Trommeln, Trompeten und Pfeifen zur Aufmunterung der Besatzung, und »daß die Veint ohn Zweifel ain sonder Verdriessen an solchem Trutz gehabt«.

* * *

Montag, den 11. October früh war wieder blinder Lärm. Das Dach des Kärntnerthurmes fiel ein und erschlug einen jungen Adeligen Namens Altenhausen mit sechs Landsknechten und Spaniern.[38] Um 8 Uhr morgens sprang eine Mine unterhalb des Kärntnerthores;

---

[36] Im zweiten »Postscripta« zu vorerwähnten Briefen.

[37] Suleiman's Tagebuch vom 10. erwähnt: »Einige Minen unter der Festung waren gesprengt worden, zwei davon hatten die Ungläubigen entdeckt und zunichte gemacht.«

[38] Peter Stern's Bericht.

unmittelbar darauf folgte ein Sturm, der bis Mittag dauerte[39]) und in Anwesenheit des Sultans selbst unternommen wurde.[40]) Da die Mauer nicht in der erwarteten Breite einstürzte, konnte der Sturm nur vom Beglerbeg von Janina, Luftibeg, und von jenem zu Awlona, Suleimanbeg, unternommen werden, die schliesslich nach bedeutenden Verlusten vom Kampfe abstehen mussten;[41]) auch der Verlust der Belagerten betrug mehr als zwanzig Mann.[42])

In einem Berichte, welchen Salm am selben Tage um 4 Uhr nachmittags an den Pfalzgrafen abschickte, sprach er die Erwartung aus, dass die Mauer noch an zwei Orten gesprengt und dann ein allgemeiner Sturm unternommen werden würde; er knüpft daran die Meldung, dass die Besatzung schon ganz ermüdet und erschöpft ist, bereits an allem Mangel leidet, und von Stunde zu Stunde schwächer wird. Von Neuem bittet er: »eilend und eilend zu hilff, trost und rettung zu kommen und daselb kein augenblick in lengern verzug stellen«.[43])

* * *

Am 12. October um 3 Uhr morgens, nach einer hellen Mondnacht, sprangen abermals zwei Minen in der Mauer zwischen dem Kärntner- und Stubenthore und eröffneten eine weite Bresche. Die Türken schienen es auf eine Ueberraschung der Besatzung abgesehen gehabt zu haben, denn dem Auffliegen der Minen folgte unmittelbar ein Sturm, dem die Landsknechte und Spanier mit fliegenden Fahnen entgegentraten. Der Sturm wurde aber nicht mehr mit dem Feuer unternommen, wie die

---

[39]) Der Bericht des Kriegsrathes vom 11. um 4 Uhr nachmittags an den Pfalzgrafen Friedrich sagt: »Wir zeigen E. F. G. in aller eil an, daz der Türckh an heut den aindlfften Tag Octobris umb acht vrm. abermals unterhalb Kerner tor, die maur zum teil zersprengt und gefällt, und den Sturm in demselben loch gewaltiglich angetreten und gestürmbt, von bestimmter acht urn bis auf Mittag häftiglich . . . . .« (K. u. k. Haus-, Hof- und Staatsarchiv, Fascikel 1 B, vollinhaltlich mitgetheilt bei Newald.)

[40]) In vorstehendem Berichte wird gesagt: »Es hat auch der Türckh (d. i. der Sultan) mit seinem gewaltigen Hauffen den Sturmb als wir gesehen selber persönlich verhalten.«

[41]) Suleiman's Tagebuch sagt: »Nachdem die Festung am Ende nicht erobert werden konnte, so blieben mehrere todt auf dem Platze.«

[42]) Peter Stern meint, der Verlust der Türken habe bei 1000 betragen, während »auff unser Seyten XXX knecht und etlich durch Pulver und schießen hart beschädigt worden seien«.

[43]) Bericht an den Pfalzgrafen. (K. u. k. Haus-, Hof- und Staatsarchiv, Fascikel 1 B.)

früheren Male, man konnte von der Stadt aus sehen, wie die Leute mit Prügeln und Säbeln zum Vorgehen angetrieben werden mussten.[44]) Der kurze Bericht des Kriegsrathes, welcher noch um 3 Uhr nachmittags mit der Anzeige vom letzten Sturm an den Pfalzgrafen Friedrich abgieng,[45]) weist auf die wiederholt gestellte Anforderung um dringende Hilfe hin und lässt nur zu gut erkennen, dass man in Wien endlich müde war, die Vorstellungen abermals zu wiederholen und die Verantwortung für eine etwa eintretende Katastrophe dem Pfalzgrafen Friedrich überlasse.[46])

Den Führern wie den Besatzungstruppen in Wien musste nun klar sein, dass, wenn nicht rasch Hilfe käme, der weitere Kampf um die Stadt nahezu hoffnungslos wäre. Nur die geringe Hoffnung auf Rettung, und das Bewusstsein, welches Los den Unterliegenden bevorstand, musste zum Anspannen aller Kräfte drängen. Es war ein Kampf um das eigene Leben und um das seiner Kampfgenossen.

Im türkischen Lager versammelte der Grossvezier am Nachmittage die Bege aus Rumili (d. i. aus den europäischen Provinzen) und pflog mit ihnen Rath: »Man sagte, es sei nicht mehr an der Zeit anzustürmen; deutlich sei die Furcht vor dem Mangel an Lebensmitteln, und sehr zweckmässig, von diesem Feldzuge nach Hause zurück zu kehren. Bei dieser ihrer Aussage beschlossen sie, für den nächsten Donnerstag (d. i. den 14. October) einen Sturm, der gewagt werden sollte; die Festung sollte genommen werden oder nicht, so sollte man sich dann auf den Rückweg begeben. Den Janitscharen wurden je 1000 Aspern versprochen.« [47])

[44]) Peter Stern und Pessel.

[45]) Der Bericht sagt: »Wir zaigen E. F. G. an daß der Turckh an heute den XIIten tag Octobris umb drey vrm. die maur abermals an zwayen Orten grausamlich zersprengt und zerfellt, und dann in selben Rauch mit aller Macht und gewalt den sturm angeloffen, also daß Zersprengen und Anlaufen ain ding gewesst, aber wir aus gnaden des allmechtigen göttlichen Sturm erhalten. Aber wir tragen ontlich fürsorg, wo unns E. F. G. laut unsers vorigen schreiben nicht fürderlich hilff kumbt, daz wir uns nicht erhalten werden mügen, darumb wollen E. F. G. auf unser voriges schreiben eilendigst bedacht sein, als uns nicht zweifelt. Datum zwülften Tag Octobris eilend und eilend.« (K. u. k. Haus-, Hof- und Staatsarchiv, Fascikel 1 II.)

[46]) Auch dem König Ferdinand machte das stete Zögern des Pfalzgrafen Sorge. Mit einem Schreiben vom 12. October fordert er ihn auf, etwas zur Rettung Wiens zu unternehmen, etwa über Tulln oder, damit auch die Mährer nicht müssig stehen, auf einem anderen Weg gegen Wien zu gehen, damit dem Kriegsvolk daselbst neue Hoffnung erwachse; er meint, es könnten ihm da die Galeoten, Schiffleute, welche ihm Niklas Rauber zugebracht hatte, sehr dienstbar sein. (K. u. k. Kriegsarchiv, mitgetheilt bei Hammer, Wiens erste Türkenbelagerung. S. 91.)

[47]) Aus Suleiman's Tagebuch.

In der That waren die Zustände im türkischen Lager auch derart, dass an den Rückzug ernstlich gedacht werden musste. Die mitgebrachten Lebensmittel giengen zu Ende, die Umgebung Wiens war weit und breit verheert, die vorgefundenen Vorräthe an Feldfrüchten muthwillig verbrannt, das Schlachtvieh umgekommen, Regen und Kälte veranlassten Krankheiten unter Menschen, wie unter dem Vieh. Auch den Kriegssatzungen des Islams war entsprochen worden, welche nicht mehr als dreimaligen Anlauf, sei es in der Schlacht oder wider befestigte Plätze, erfordert; drei Hauptstürme mit wiederholtem Anlaufe hatten bereits stattgefunden.[48]) Alles dies, wie die augenscheinliche Unzufriedenheit im türkischen Heere, mag den Sultan bewogen haben, den durch Ibrahim überbrachten Rathschlägen Rechnung zu tragen.

* * *

Der 13. October verlief in der Stadt ohne besondere Vorfallenheiten. Das Geschützfeuer wurde von beiden Seiten lebhaft fortgesetzt. Im türkischen Lager verkündeten Herolde den am nächsten Tage vorzunehmenden Sturm und riefen die Belohnungen aus für jene Leute, welche die Stadtmauern zuerst ersteigen würden.[49]) Der Padischah kam vor die Stadt, um die Breschen zu besichtigen, welche durch die Minen bereits erzeugt waren, und drückte dem Grossvezier seine Zufriedenheit darüber aus.[50])

Katzianer und Bakić unternahmen mit ihren Reitern vom Salzthor aus einen Ausfall gegen den Pascha von Semendria und brachten einige Gefangene ein, welche angaben, dass am folgenden Tag ein letzter Sturm stattfinden werde, der Sultan aber im Falle des Misslingens die Absicht habe, nach Constantinopel zurückzukehren.[51])

* * *

[48]) Nach Hammer's Angabe (Wien, erste Belagerung, S. 31).
[49]) Suleiman's Tagebuch sagt: »Der Erste, welcher die Festung erstürmt, erhält, wenn er ein Subaschi ist, ein Sandschak, wenn er ein Sipahi ist, ein Subaschilik, und wenn er noch kein Lehen hat, so erhält er ein Grosslehen von 30.000 Aspern.«
[50]) Suleiman's Tagebuch sagt: »Der Padischah besichtigt die Breschen, welche die Minensprengung gemacht hatte, und da ihm dies alles wohlgefiel, lobte er den Pascha dafür sehr.«
[51]) Peter Stern erwähnt diesen Ausfall, der durch Suleiman's Tagebuch bestätigt wird. »Von denen die auf die Weide giengen nahmen die Ungläubigen eine grosse Menge weg.« Istuanfy bringt über diesen Ausfall unwahrscheinliche Angaben und erwähnt, dass Ibrahim's Barbier dabei gefangen wurde, der sich später mit schwerem Gelde auslöste.

Der 14. October. der letzte Tag der Belagerung. brach nun an.
Schon am Morgen standen die Heerhaufen der Türken unter dem
Grossvezier. dem Beglerbeg von Anatoli und dem Aga der Janitscharen
zum Kampfe bereit; nicht ohne Mühe konnten sie zusammengehalten
werden. [52]) Gegen Mittag flogen nächst dem Kärntnerthor zwei Minen
auf. eine dritte, gegen die Burg gerichtete, wurde rechtzeitig entdeckt
und durch Wegnahme einiger Tonnen Pulver unschädlich gemacht.
Links vom Kärntnerthor stand Eck von Reischach. rechts davon Graf
Niklas Salm. der durch einen abspringenden Steinsplitter dem Anscheine
nach nur unbedeutend am Schenkel verwundet wurde. [53])

Das Auffliegen der Minen gab das Zeichen zum Sturme. [54]) Trotz
der zugesicherten Belohnungen waren die wiederholten Anläufe vergeblich, und endlich gegen 2 Uhr nachmittags erhielten die Janitscharen
den Befehl. von weiteren Stürmen abzustehen und sich zurückzuziehen.
Es war das letzte Aufgebot des Muthes, um den heldenmüthigen Widerstand der Stadt zu brechen. 350 Leichen füllten den Graben vor den
Breschen. welche eine Gesammtlänge von ungefähr 80 Meter hatten.
Der Verlust auf Seite der Vertheidiger wird als sehr gering angegeben. [55])

Am Nachmittag zeigte sich im türkischen Lager eine auffällige
Bewegung. Ein Ausfall einiger Reiter brachte mehrere weidende Pferde

---

[52]) Nach Istuanfy sagten sie, sie wollten lieber von der Hand ihrer Kriegs-
obersten gefällt werden. als von den langen spanischen Rohren und den deutschen
Bratspiessen, wie sie die langen Schwerter nannten.

[53]) Die Verwundung Salm's ist in keinem Berichte erwähnt, sie kann daher
nur am 14. October geschehen sein, nachdem von diesem Tage an keine Berichte
mehr an den Pfalzgrafen abgeschickt wurden, sie aber, wenn früher geschehen, gewiss
auch gemeldet worden wäre. Dass Salm verwundet wurde, ist aus seinem Brief an
König Ferdinand vom 24. März 1530 (k. u. k Haus-, Hof- und Staatsarchiv, vollinhaltlich mitgetheilt bei Newald, Beilage 14) zu ersehen, in welchem er um seine
Dienstentlassung bittet: »So ich aber schadens halber, so Ich Inn der Belegerung
Wien, mit gnediger erlaubniss Zeschreiben, an einen schenkel empfangen. Und das
mir derselb den Zug gen Gran vast erfroren . . .«

[54]) Peter Stern, Werdenau's Ausgabe, führt diesen Sturm an, Pessel nicht.
Dass hierüber kein Bericht an den Pfalzgrafen gemacht wurde, ist begreiflich, da am
Nachmittag Suleiman's Absicht, abzuziehen, nicht unbekannt war, und Friedrich's
Eintreffen wenig Wert mehr hatte. Suleiman's Tagebuch erwähnt zwar nicht direct
den Sturm, führt aber an: »Er befahl auch, dass . . . die in den Schanzen befindlichen Janitscharen vom Kampfe ablassen sollen«, also ein Kampf vorausgegangen
sein muss.

[55]) Peter Stern gibt die Zahl der gefallenen Türken mit 350 an und sagt:
»seind auf unser seiten nicht mer denn ein Hyspanier, unn etlich Knecht beschedigt
worden«, was wohl kaum glaublich ist.

und Kameele ein. Um 9 Uhr abends entstand im Lager der Türken
Lärm; Schüsse fielen und Jammergeschrei erfüllte die Luft. Bald auch
giengen die Zelte der nächststehenden Lager und die einzelnen, der
Verwüstung bisher entgangenen Häuser der Vorstädte in Flammen
auf. Am folgenden Morgen zeigte sich, dass die Türken vor ihrem
Abzuge bei 2000 Gefangene, deren Transport ihnen lästig war —
ältere und gebrechliche Leute sowie Kinder —, niedergemacht oder in
die Flammen geworfen hatten.

Aus Suleiman's Tagebuch ist zu entnehmen, dass es dem Sultan
ernst war, von Wien fortzuziehen. Wenn auch das Aufgeben einer
mit so grossem Aufwande begonnenen Unternehmung einer Niederlage
gleich zu achten ist, so geschah — wie nach misslungenen Feldzügen
bei den Türken üblich war — doch alles, um den gefassten Entschluss
zu beschönigen. [58])

*   *   *

Der 15. October vergieng beim türkischen Heere mit Vorbereitungen für den Abzug. Als man das in der Stadt wahrnahm, er-
öffnete man gegen Abend aus allen Geschützen ein Freudenfeuer. Die
Nassadisten, welche mit ihren Schiffen von Nussdorf herabkamen und
mit dem Verladen von Geschützen beschäftigt waren, wurden, als sie
nahe der Stadt vorüberfuhren, mit Erfolg beschossen.

*   *   *

Am folgenden Tage, den 16. October, nachdem die Türken ihre
Lagerplätze nächst der Stadt räumten, fand in der St. Stephanskirche
ein feierlicher Dankgottesdienst für die Befreiung vom Feinde statt;
mit allen Glocken wurde geläutet und ununterbrochen aus allen Geschützen gefeuert.

Einzelne Leute zogen aus der Stadt in das von den Türken ge-
räumte Lager und in die Vorstädte hinaus, wobei es an ernsten Zu-

---

[58]) Suleiman's Tagebuch vom 14. führt an: »Da dem Padischah gemeldet
wurde, dass der König nicht mehr in der Festung sei, so wurde den Leuten in derselben Gnade gewährt, und ihnen mit allen ihren Familien und Habe die Freiheit
geschenkt. ... Der Beschluss, nach Constantinopel zurückzukehren, steht nun fest.«
Die Erzählung, dass ein Traum den Sultan zum Aufgeben der Belagerung veranlasst
habe, verdient wenig Beachtung. Dass das Misslingen der Belagerung von Wien eine
Folge von dem Verrathe des Grossveziers Ibrahim gewesen wäre, welcher von Kaiser
Karl V. bestochen worden sei — wie Robertson, Ulich und andere nach ihnen
erzählen — ist durch nichts glaubhaft gemacht.

sammenstössen mit Nachzüglern des türkischen Heeres nicht fehlte.
Von beiden Seiten wurden Gefangene gemacht.

Während der Sultan nach Vertheilung von Geschenken — an
den Grossvezier einen prachtvollen Säbel und an die Begs die üblichen
Ehrenkleider — und nach Ausfolgung des versprochenen Sturmsoldes
an die Janitscharen aus seinem Lager gegen Bruck an der Leitha abzog, blieb Ibrahim mit den rumelischen Truppen zur Deckung des
Abzuges bis zum 17. October auf dem Wienerberge stehen.[57]) Boten,
welche vom Kriegsrathe in Wien in das türkische Lager gesandt
wurden, um über die Auswechslung der Gefangenen zu verhandeln,
fertigte Ibrahim mit hochmüthigen Reden ab; die Verhandlungen
schienen von beiden Seiten einen besonderen Erfolg nicht gehabt zu
haben,[58]) doch wurde Christoph Zedlitz. der am 23. September in
Gefangenschaft gerathene Fähnrich Hardegg's, mit türkischen Gewändern
reich beschenkt. nach Wien entlassen.[59])

An den folgenden Tagen unternahmen Hans Katzianer[60]) sowie
die Reiterführer Paul Bakič und Sigmund Weichselberger wiederholt

---

[57]) Während des Abzuges der Türken kamen drei Landsknechte vor die Mauern
der Stadt, welche angaben, sich selbst aus der Gefangenschaft befreit zu haben, und
begehrten Einlass. Sie machten sich durch Ausgabe von türkischem Gelde auffällig
bemerkbar; als verdächtig eingezogen, wurden sie »peinlich verhört«, wobei sie angaben, mit Geld bestochen worden zu sein, um die Stadt an mehreren Orten anzuzünden, worauf die Türken wieder umkehren und ohne Mühe nach Wien eindringen
würden. Der zur Deckung des Rückzuges vor der Stadt genommene Aufenthalt
Ibrahim's schien die Glaubwürdigkeit dieser Angaben zu bestätigen, weshalb die drei
Knechte hingerichtet und geviertheilt wurden. Wahrscheinlich ist aber, dass ihre Angabe nur eine Folge der Tortur war.

[58]) Suleiman's Tagebuch sagt: »Aus der Festung kam ein Ungläubiger und
brachte von den in der Festung befindlichen Fürsten und den übrigen Leuten die
Nachricht von ihrer Unterwürfigkeit und verlangte vom Pascha Gnade, die er ihm
auch gewährte. Alle Ungläubigen der Festung Wien, die in die Gefangenschaft ge-
rathen waren, wurden freigegeben. Von den in der Festung gefangenen Muselmanen
liessen die Ungläubigen auch drei frei.«

[59]) Zedlitz wurde während der Belagerung gut gehalten. er kämpfte noch im
Jahre 1532 gegen die Türken, starb aber kurze Zeit darauf. Dass ihm, wie später
behauptet wurde, während der Gefangenschaft heimlich ein langsam wirkendes Gift
beigebracht worden wäre, ist unwahrscheinlich.

[60]) Katzianer kehrte von einem Streifzug mit grosser Beute zurück; er soll im
Kampfe mit eigener Hand sechs Türken erschlagen haben.

Streifzüge in die Umgebung der Stadt, von welchen sie nebst einer grossen Zahl von Pferden und Schlachtvieh auch einige Kameele einbrachten, einige Gefangene machten und auch viele Landleute aus der türkischen Gefangenschaft befreiten.

Den 18. October langten die beiden Obersten der Reichstruppen, Kunz Gotzmann und Jakob von Wernau, unter Bedauern, die Stadt nicht früher erreicht zu haben, aus Krems über Stockerau in Wien an.

. Am 20. October traf der Pfalzgraf Friedrich in Wien ein und übernahm den Befehl über die Reichstruppen von seinem Bruder Philipp.[61])

Im ersten Augenblick waren in Wien alle Leiden vergessen und dem Grafen Niklas Salm, wie den übrigen Heerführern und der ganzen Besatzung Dank und volle Anerkennung für die bewiesene Tapferkeit und Ausdauer gezeigt.

An König Ferdinand wurden eiligst Boten mit der Nachricht vom Abzuge des türkischen Heeres und der Befreiung von Wien gesandt.

Schwere Opfer hatte aber die Vertheidigung der Stadt auch erfordert. Der Verlust der Besatzungstruppen betrug 1700 Mann, und von den in der Stadt gebliebenen Bewohnern sollen während der Belagerung gegen 700 gestorben sein.

— ... -

Die Aufhebung der Belagerung von Wien war der erste misslungene Kriegszug Suleiman's II. Nicht die Ungunst der Witterung, die Klagen der aus südlichen Gegenden stammenden Truppen über Kälte, der Mangel an Lebensmitteln, das Ueberhandnehmen von Krankheiten und das Murren der Janitscharen, die ja schon in Ofen kaum befriedigt werden konnten, allein brachte den Sultan zum Entschlusse, die Belagerung von Wien aufzugeben: die Kenntnis, dass Pfalzgraf Friedrich eine täglich sich mehrende Macht in Krems angesammelt hatte, dass Jahn von Bernstein mit 24.000 Mann von Znaim her im Anmarsche sei, dass aus Böhmen noch weitere Truppensendungen zu

---

[61]) Die so tapfere Vertheidigung Wiens hatte noch ein unschönes Nachspiel. Die Truppen aus Deutschland verlangten mit Ungestüm einen Sturmsold, bedrohten ihre Hauptleute und wollten, da ihren Anforderungen nicht gleich entsprochen werden konnte, sich an dem Eigenthume der Bürger zu vergreifen. Ihrem Beispiele folgten bald auch die Truppen Reischach's und Leonhard's von Vels: nur mit Mühe gelang es, sie zu befriedigen und aus Wien zu entfernen.

erwarten wären und dass an der Westgrenze Oesterreichs gegen
30.000 Mann Reichstruppen zum Einmarsche bereit standen, machten
diesen Entschluss nothwendig.

Ueber die Verluste des türkischen Heeres sind verlässliche Angaben wohl nicht vorhanden, doch dürften sie, wie sie selbst sagen.
während der Belagerung bei 40.000 Mann eingebüsst haben.[62])

---

[62]) Cantemir gibt den Verlust der Türken mit 80.000, die Chronik von Melk
mit 60.000, Istuanfy mit 20.000, Ortelius gar nur mit 10.000 Mann an. Unter dem
Verluste der Türken nach eigener Angabe sind wohl auch die zahlreichen Verluste
der Akindschi während ihrer Raubzüge inbegriffen.

Viertes Capitel.

Verhalten des Pfalzgrafen Friedrich in Krems. — Verwüstungen der Akindsohl in den Vierteln unter und ober dem Wienerwalde. — Die Türken vor Wiener-Neustadt und vor Klosterneuburg. — Matte Verfolgung des abziehenden Türkenheeres. — Weiterer Rückzug und Eintreffen des Sultans in Constantinopel. — 1529.

Pfalzgraf Friedrich von Baiern stand seit 24. September, seit er die Nachricht erhalten hatte, dass die Donaubrücken bei Wien abgetragen wären, mit ungefähr 12.000 Mann ziemlich unthätig in den Städten Krems, Stein und Mautern. Mit Wien stand er nur in loser Verbindung. Der Beobachtungsposten, welchen er gegenüber der Stadt am linken Donauufer auf den Höhen des Bisamberges stehen hatte, konnte wohl seine eigenen Wahrnehmungen berichten, der Verkehr mit der Stadt selbst war aber nur auf die heimlich und unter der grössten Gefahr abzusendenden Boten beschränkt. Dem Ansuchen der am rechten Donauufer gelegenen Abteien Göttweig, Melk und Klosterneuburg, welche alle ihrer Lage nach zur Vertheidigung geeignet und zum Theile auch ausgerüstet waren, eine Besatzung zu geben, wurde unter dem Vorwande, dass die Söldner der Reichshilfe sich weigerten, in feste Plätze zu ziehen, weil sie sich nicht der Wuth der stürmenden Türken aussetzen wollten, keine Folge gegeben. Auf die dringende Schilderung der Aebte, dass ein grosser Haufe der Mordbrenner bereits auf dem Wege wäre, und sie mit ihren wenigen und in den Waffen ungeübten Leuten nicht lange Widerstand leisten könnten, gab Friedrich endlich dem Landesmarschall Wilhelm von Buchheim, welcher bei 1000 flüchtige Landleute gesammelt hatte, einige erfahrene Kriegsleute bei, um die nahe bei Krems gelegenen zwei Abteien Melk und Göttweig mit Besatzungen zu versehen. Auch das Karthäuserkloster zu Aggsbach erhielt durch den Pfleger zu Spitz eine Besatzung. Die

Akindschi zogen in der Folge an diesen drei Klöstern vorüber, ohne
sie ernstlich zu bedrohen; ihre Besatzungen waren aber zu schwach,
um auch nur die zunächst gelegenen Orte vor der Zerstörung schützen
zu können. Wenn die Anwesenheit der Reichstruppen in Krems für die Vertheidigung Wiens auch von geringem Werte war, so hatte sie doch
den Erfolg, die Ausbreitung der Türken auf dem Marchfelde und überhaupt auf dem linken Donauufer zu verhindern. Die gleich beim
Uebertritte der Türken auf österreichisches Gebiet erfolgte Zerstörung
der Stadt Marchegg, wobei deren Bewohner theils niedergemacht, theils
in Gefangenschaft geführt wurden,[1]) konnte nicht mehr verhindert
werden; doch wiederholte sich der schon erwähnte Versuch der Nassadisten, bei Ort in das Marchfeld einzudringen, nicht mehr.

Auf die Nachricht, dass Türken im Tullnerfelde brennen und
rauben, entsandte der Pfalzgraf 600 Reiter und 400 Fussknechte dahin.
Die Türken waren aber bereits gegen das Gebirge gezogen und konnten
nicht mehr eingeholt werden. Am folgenden Tage, dem 5. October,
landeten bei 1000 Türken bei dem westlich von Stockerau gelegenen
Orte Schmida und verbrannten das dem Grafen Julius Hardegg gehörige Schloss daselbst. Der Pfalzgraf gab dem Grafen 200 Reiter,
mit welchen es ihm gelang, die Türken überraschend anzufallen und
sie auf ihre Schiffe zurückzutreiben; bei 400 Feinde wurden niedergemacht oder in das Wasser getrieben. Bei der Verfolgung sprang
der Reiter Koberle mit dem Pferde in ein von den Türken schon be-
setztes Schiff, welches umschlug und gegen 50 Türken, aber auch dem
muthigen Reiter den Tod brachte.

Am selben Tage trafen fünfzig gegen das Tullnerfeld zu streifende
Reiter auf einen Schwarm Türken, der in der Gegend viel Schaden
angerichtet hatte. Er wurde verjagt und vier Türken gefangen nach
Krems gebracht, welche, peinlich befragt, d. i. gefoltert, aussagten, dass
in Wien an vielen Orten gegen die Umfassungsmauer Minen gegraben
würden, was Pfalzgraf Friedrich seinem in Wien befindlichen Bruder
Philipp bekannt gab. Den nächsten Tag gelang es einer zum Foura-
gieren ausgerittenen schwachen Abtheilung mit Hilfe von Landleuten
bei Traismauer 300 Türken, welche eben im Begriffe waren, eine

---

[1]) Die Herrschaft Marchegg war dem Grafen Salm dem Aelteren im Jahre 1528
pfandweise verschrieben worden. Gelegentlich des Türkeneinfalles 1529 wurde die
Stadt Marchegg und deren nächste Umgebung gänzlich verwüstet und die Bewohner
niedergemacht; nur das Schloss blieb erhalten. Die Witwe Salm's siedelte daselbst im
Jahre 1531 Landleute aus Schwaben an.

Mühle in Brand zu stecken, zu verjagen. Eine in die Gegend unterhalb Herzogenburg gesandte Streifung brachte die auf Zaunpfähle gesteckten Köpfe erschlagener Türken heim. Fast kein Tag scheint ohne eine Streifung mit mehr oder weniger Erfolg vorüber gegangen zu sein.[2]

Nächst Stockerau hatten zwei österreichische Herren von Konring (Kuenring?) das Donauufer mit dem Landesaufgebot und mit Bauern besetzt. um daselbst eine Landung der Türken zu verhindern.

Mit in Krems zurückgebliebenen leichten Reitern der österreichischen Truppen[3] und mit einigen Abtheilungen Reichstruppen wurde nun Korneuburg, wo die aus Hainburg geflohene Abtheilung böhmischer Landsknechte wegen ihrer Ausschreitungen aufgelöst werden musste, besetzt.

Mittlerweile liess Pfalzgraf Friedrich in Krems acht Streitschiffe ausrüsten und mit den 500 Galeoten (küstenländischen Schiffleuten), welche Niklas Rauber gebracht hatte, bemannen; sie sollten mit Proviant und mit 3000 aus Tirol angelangten Fussknechten auf der Donau nach Wien fahren, während Friedrich selbst mit den in Krems angesammelten Reichstruppen und mit den im Vormarsche über Znaim begriffenen mährischen und böhmischen Truppen über Korneuburg — also am linken Ufer der Donau. und nicht im Einklange mit der von Salm geforderten Vorrückung über Tulln — gegen Wien ziehen wollte. Unterdessen traf die Nachricht ein, dass der Sultan von Wien abziehe, und so unterblieb die Ausführung dieses Planes.

Wohl unabhängig von den Actionen der Hauptmacht des türkischen Heeres war die Thätigkeit der Akindschi — der »Renner und Brenner« — welche demselben in der Stärke von 30.000 Mann vorauszogen und schon vor Wien herumstreiften, als daselbst noch die Vorkehrungen zur Vertheidigung getroffen wurden. In der Umgebung aufsteigende

[2] Gelegentlich solcher Streifungen wurde ein Weber aus Oettingen, der sich den Türken angeschlossen hatte, und ein Fleischer aus Tulln, der die Stadt verrathen wollte, eingebracht; beide wurden in Krems hingerichtet.

[3] Hans Lutz aus Augsburg. Herold des Pfalzgrafen Friedrich. beschrieb im Jahre 1530 im Auftrage desselben seinen Zug nach Oesterreich und scheint ihn selbst mitgemacht zu haben. Er führt die in Krems zurückgebliebenen Reiter als zu den Rotten Weichselberger und Bakič, welchen er »wagkhū paula« nennt, gehörig an. Unter der Besatzung Korneuburgs bezeichnet er wieder eine grössere Reiterabtheilung als zu diesen Rotten gehörig; es scheinen dies aber eher Reiter gewesen zu sein, welche sich hier aus den Vierteln ober und unter dem Wienerwalde zusammengefunden hatten.

Feuersäulen machten ihre Anwesenheit schon aus der Ferne bemerkbar. Mehrere Tausend Menschen, welche mit Weib und Kind und mit ihrer Habe aus Wien in den Wienerwald geflüchtet waren, in der Hoffnung, dort verborgen bleiben zu können, wurden beraubt und auf das Grausamste niedergemacht.[4]) Nahezu dieselbe Zahl wurde in die Sclaverei geschleppt. Flüchtige Landleute erzählten in Wien von den Grausamkeiten, deren die herumschweifenden Horden sich schuldig machten.[5])

Es waren jedoch nicht die Akindschi allein, welche das offene Land verwüsteten, auch die Belagerungstruppen streiften in der Folge in ihrer dienstfreien Zeit weit hinaus, theils um Proviant und Fourage zu suchen, theils auch nur, um ihrer Raubgier, Mordlust und Zerstörungswuth zu fröhnen, wobei die nächste Umgebung von Wien wohl am meisten zu leiden hatte. Wenn auch nicht alle Orte, in welche die Türken kamen, von Grund aus zerstört wurden, so konnten doch die Kirchen, Pfarrhäuser und Herrensitze, welche sich damals über viele Orte verstreut vorfanden, der Beraubung und Verwüstung kaum entgehen.

Welche Ausdehnung die Verheerungen der Türken erreichten, mag aus der Anführung jener Orte, von welchen noch nachzuweisen ist, dass sie im Jahre 1529 ihrer Wuth zum Opfer fielen, zu ersehen sein.[6])

Es waren dies in der nächsten Umgebung von Wien die Orte: Fischamend, Schwechat, Ebersdorf, Simmering, St. Marx, Laa, Biedermannsdorf, Inzersdorf, Altmannsdorf, Himberg, Maria - Lanzendorf,

---

[4]) Der Bericht eines Ungenannten bei Lewenklau sagt: 9000 wären niedergemacht, dieselbe Zahl gefangen worden.

[5]) Peter Stern sagt: »Er (der Sultan) hat den Sackmann und die ihm vorrennen, deren merer teyl kein Sold haben, allein auf gewin und raub ausgehn ob 40.000 stark weid und breid auf alle Gegend vorgeschickt, die sich in das Land hinauf ob der Ens hinein in die Steiermark zerstreit, dieselben flecken allenthalb durchstreift, verwüst und verprennt, die leut vieltausend jämmerlich ermordt, erschlagen und weggefuert und das zum erbermlichsten sie Kinder aus Mutterleib geschnitten, weggeworfen oder an die spyß gesteckt, die jungfrawen der cörper man viel auf der straßen liegen sicht, bis in todt genottigt, der selm der almechtig gnädig seyn und solch mordt und übel an den grausamen Bluthunden nicht ungerochen lassen.«

[6]) Die Anführung der ganz oder theilweise zerstörten Orte gründet sich zumeist auf die historische Darstellung der Pfarren etc. in Oesterreich — einem nicht vollständig erschienenen Werke — auf die Melker Chronik, auf Kerschbaumer's Geschichte von Tulln und St. Pölten und anderes. Die Zahl der zerstörten Orte ist damit aber durchaus nicht erschöpft, eher weit zu gering angegeben.

Hennersdorf. Vösendorf, Atzgersdorf. Liesing, Kalksburg, Mauer, Laab.
Brunn, Enzersdorf, Hietzing, [7]) Penzing, die Gatterburg (an der Stelle
von Schönbrunn), St. Veit. Hütteldorf. Purkersdorf, Mauerbach. wo
die Herzogsgräber zerstört wurden, Hernals, Ottakring. Döbling, Sievering.
Heiligenstadt, Dornbach und Perchtoldsdorf, wo der Markt niedergebrannt
wurde, während die Einwohner sich hinter der Einfriedungsmauer
der Kirche zur Wehre setzten. Die Stadt Baden wurde sammt
der Burg zerstört; die Cistercienser-Abtei Heiligenkreuz wurde geplündert
und niedergebrannt; in der Umgebung fielen noch Mödling
sammt dem Schloss. die Burgen Liechtenstein und Laxenburg, dann
die Orte Gaaden, Guntramsdorf, Gumpoldskirchen, Traiskirchen, Reisenberg.
Trumau, Ober-Waltersdorf, Weigelsdorf, Leesdorf. Gainfahren.
Kottingbrunn und Leobersdorf. Von letzterem Orte zog ein Schwarm
über Pottenstein nach Altenmarkt. Klein-Mariazell. Kaumberg. Hainfeld
und Rohrbach. an der mit Mauern umgebenen Abtei Lilienfeld
und dem Markte Wilhelmsburg vorüber, über Hochstetten bis Kirchberg
an der Pielach; einzelne Reiter kamen bis an die Thalenge von
Hohenberg, welche von Bauern besetzt war. In der Umgebung von Wiener-Neustadt
wurde Zillingsdorf. Frohsdorf, Lanzenkirchen, St. Aegyd.
Lichtenwerth und Fischau niedergebrannt; am Kaltengang drangen die
Akindschi über Piesting nach Hürnstein und Scheuchenstein vor.

Vor Orten, die mit Ringmauern umgeben waren, vor vertheidigungsfähigen
Klöstern und Burgen, wenn sie ihnen nicht im ersten Anlaufe
in die Hände fielen (wie die Burg Greifenstein, in welcher das für Oesterreich
wertvolle Archiv des Bisthums Passau vernichtet wurde) hielten
sich die herumstreifenden Horden nicht lange auf. An Herzogenburg
und Tulln zogen sie vorüber. zerstörten aber in der Umgebung St. Andrä
am Hagenthal. die Kirchen und Pfarrhäuser in Königstetten. Tulbing.
Freundorf und Judenau, und verheerten am 26. September das Franciscanerkloster
Paradeis auf dem Riederberg. wo sie 18 Mönche ermordeten.
Zwei Schwärme zogen über den Wienerwald gegen St. Pölten — über
Sieghardskirchen, und über Anzbach und Kirchstetten. In der Umgebung
von St. Pölten, das vom Viertelhauptmann oder dem Wienerwalde,
Johann von Kornfeil, besetzt worden war. giengen die Besitzungen
des Chorherrenstiftes daselbst, dann der Teufelhof und die Orte Litzendorf.
Karlstetten und Pyhra in Flammen auf. ebenso Loosdorf und

---

[7]) Der Ortsnamen »Hitzing« kommt schon im XII. Jahrhundert vor, daher
die Sage, der Name wäre davon herzuleiten, dass ein auf einem Baume angebrachtes
Marienbild die darunter sitzenden Bauern durch den Ruf: »Hütet Euch« (Hüt's
Eng) warnen wollte, und davon der Name abzuleiten wäre, unbegründet ist.

der Markt Melk, während die befestigte Benedictiner-Abtei daselbst verschont blieb. Von hier wandte sich der Zug über Neumarkt nach Amstetten, wo am 30. September bei 6000 Mann eintrafen, die mordend und brennend bis an die Enns vordrangen. In Ardaker wurde das Collegiatstift und die Kirche verbrannt; in Strengberg versuchten sie in die Kirche einzudringen, Hohen aber, als die Thurmuhr zu schlagen begann; in Rohrbach wurden die Bewohner erwürgt, ebenso in Bieberach bei Seitenstetten.

In Oberösterreich hatte sich das Landesaufgebot unter Hanns von Starhemberg bei der Stadt Enns gesammelt, konnte aber in Folge des raschen Vorgehens der Türken Wien nicht mehr rechtzeitig erreichen. Starhemberg liess alle Stellen, auf welcher der Uebergang über den Ennsfluss möglich gewesen wäre, durch Verhaue und Schanzen sichern und mit Truppen nebst einigen Geschützen besetzen, so dass die Türken denselben nicht zu überschreiten wagten. Sie zogen nun an der Stadt Steyer vorüber, von wo einzelne Haufen im Ennsthale aufwärts nach Steiermark und über Weyer und Altenmarkt bis in das Salzathal gelangten. Hier zerstreuten sie sich jedoch; von den erbitterten Bauern aufgegriffen, wurden sie theils erschlagen, theils gefangen genommen und als Mordbrenner in das Feuer geworfen.

Ein grösserer Schwarm der Akindschi zog sich über Waidhofen an der Ips zurück, das zur Uebergabe aufgefordert und mit einem Pfeilregen überschüttet wurde; dieser Schwarm gelangte über Ipsitz längs des Gebirges gegen Wiener-Neustadt und vereinigte sich dort mit den Scharen Mihaloghli's, welche an Güns vorüber nach Hause zogen.

Wer sich den zügellosen Schwärmen widersetzte, ebenso alle Priester, welche ihnen in die Hände fielen, wurden niedergemacht. Gefangene wurden bei diesen Raubzügen während des Vorgehens nur wenige gemacht, mit Ausnahme jener, für welche ein Lösegeld zu erwarten war — wie in der Burg Liechtenstein, wo der Sohn des Besitzers, Christoph Freisleben, in die Sclaverei geführt wurde. Anders war es beim Rückzuge; da wurden alle marschfähigen Leute fortgeführt, was sie aber am Fortkommen hinderte, wie alte Leute und Kinder, wurde unbarmherzig ermordet. Demselben Lose verfielen auch jene Gefangenen — oft erst, nachdem sie mehrere Tage hindurch herumgeschleppt wurden —, welche in Folge von Ermüdung nicht mehr weiter konnten oder sonst den Unternehmungen dieser Freibeuter hinderlich waren. [6] Kaum der dritte Theil der Einwohner der

---

*) Nach Hammer, »Wiens erste Türkenbelagerung«, hätten die Akindschi nicht nur Oesterreich durchstreift, sondern wären sogar bis Regensburg gekommen, dessen

beiden Viertel ober und unter dem Wienerwalde soll dem Blutbade
und der Knechtschaft entronnen sein.

Während der Kampf um Wien tobte, konnte Wiener-Neustadt,
von jeher einer der wichtigsten Grenzorte gegen Osten, von den Türken
nicht unbeachtet bleiben.[9] Obwohl die Stadt seit Kaiser Friedrich's III.
Zeit einen nicht unbedeutenden Aufschwung genommen hatte, geschah
doch in letzter Zeit trotz der drohenden Türkengefahr nur wenig zur
Vervollständigung ihrer Befestigung. Man war daher im letzten Augenblick genöthigt, innerhalb der alten Umfassungsmauern Zuflucht zu
suchen, und alle ausserhalb derselben gelegenen Bauten, darunter das
St. Ulrichskloster sammt Kirche, die alte Friedhofskapelle, das Spital
bei St. Marx und anderes der Zerstörung preiszugeben. Als Besatzung
waren nur einige deutsche und spanische Landsknechte, sowie 41 Knechte
aus Bruck an der Mur in der Stadt, sie reichten zur Vertheidigung derselben nicht aus; die Vorräthe an Waffen im Zeughause waren auch
nur gering.

Nachdem die Türken auf dem Vormarsche bereits in Ofen waren,
langte endlich auf die an den Statthalter und Regenten gerichtete Vorstellung der Viertelshauptmann Gerbeck Auer mit 600 Knechten des
Zehnten-Aufgebotes am 19. September in Neustadt an. Da der für
die Stadt bestimmte Commandant Andreas Hofmann nicht ankam, vielleicht auch nicht mehr in die Stadt gelangen konnte, wurde der
Bischof Dietrich Cramer trotz seines Sträubens zum Befehlshaber er-
wählt.[10] Auch trafen noch einige Reiter in Neustadt ein, die Reste
einer Schar, welche einige Tage früher unter Pülcher und Keglevich
die Stadt durchzogen hatte, am 25. September aber auf dem Marsche
nach Wien von den Türken angegriffen und zerstreut worden war.

Brücke die osmanischen Geschichtsschreiber die »Brücke Alexander des Grossen«
nennen. Dass einzelne Reiter bis dahin gelangt sein könnten, ist zwar nicht unmöglich,
aber kaum wahrscheinlich.

[9] Die Quellen über die Belagerung von Wiener-Neustadt beschränken sich auf die
Chronik der Stadt von Bocheim, der die Archive derselben durchforschte, und auf die
Mittheilung eines später durch Dr. J. Mayer aufgefundenen Conceptes des an den
König gerichteten Berichtes über die Belagerung.

[10] Dietrich Cramer, von 1516 bis 1530 Bischof in Wiener-Neustadt, war früher
ein Krieger, dann Provinzial des Franciscanerordens. Seit 24. December 1528 war
er auch Mitglied des Georgsordens, eines von Kaiser Friedrich III. zu Mühlstadt in
Kärnten gegründeten, später nach Neustadt übertragenen geistlichen Ritterordens, der
zur Zeit schon seinem Verfalle entgegengieng.

Bald darauf[11]) trafen die Türken vor Neustadt ein und verlangten schriftlich die Uebergabe der Stadt unter der Drohung, sie im Weigerungsfalle durch Feuer und Schwert zu zerstören. Zum Widerstande entschlossen, lehnten jedoch die Bürger im Vereine mit der Besatzung die Uebergabe der »allzeit getreuen« Neustadt ab und hatten nun durch längere Zeit eine harte Bedrängung auszuhalten. Durch Beschiessung wurde den Bürgerhäusern wie der Burg[12]) mancher Schaden zugefügt, die wiederholten Versuche, durch Stürme in die Stadt zu dringen (an einem Tage sollen deren sieben unternommen worden sein), wurden jedoch tapfer abgewiesen. Ohne weitere Erfolge zu erzielen, zogen die Türken, als sie die Belagerung von Wien aufgaben, auch von Wiener-Neustadt ab, nachdem sie in der Umgebung noch die möglichsten Verheerungen angerichtet hatten.

Bei der Nähe von Wien war ein Angriff der Türken auf die Stadt Klosterneuburg vorauszusehen. Nachdem der Propst des Stiftes daselbst, Georg Hausmannstötten, bei dem Pfalzgrafen Friedrich vergeblich um eine Besatzung angesucht hatte, floh er mit den meisten Ordensbrüdern nach Linz und Passau, wohin auch die Kleinodien und Reliquien des Stiftes in Sicherheit gebracht wurden, während das vorsichtshalber nach Wien gebrachte Archiv gelegentlich des Brandes des vor dem Schottenthore gelegenen Klosterneuburgerhofes zum grössten Theil in Flammen aufgieng.

Im Stifte blieb nur der Stiftshofmeister Hans Stolpeckh zurück und fasste, nachdem Melchior von Lamberg eine kleine Anzahl von Knechten angeworben und in die Stadt gebracht hatte, im Verein mit den Bürgern den Entschluss, die Oberstadt mit dem darin gelegenen Stifte hartnäckig zu vertheidigen.

Schon den 27. September — an demselben Tage, an welchem die türkischen Nassadisten am Morgen ihre Flotte an Wien vorüber nach Nussdorf gebracht hatten — erschien eine Türkenschar vor der Stadt, welche die ausserhalb der Stadtmauern gelegene Unterstadt unter Verübung aller möglichen Grausamkeiten plünderte und in Brand

---

[11]) Ueber die Zeit der Belagerung fehlen genauere Angaben, doch ist zu schliessen, dass die Türken nicht vor dem 26. September vor Wiener-Neustadt eintrafen, und noch vor dem 19. October abzogen.

[12]) Dass die Türken auch Geschütze zur Verfügung hatten, ist aus dem Umstande zu schliessen, dass die Beschädigungen der Burg im nächsten Jahre ausgebessert werden mussten.

steckte. Die Kirche zu St. Martin in der Unterstadt nebst dem
Franciscanerkloster daselbst, dessen Mönche theils verjagt, theils niedergemacht wurden, giengen in Flammen auf. Neue Türkenscharen
kamen in den folgenden Tagen donauaufwärts, um die Oberstadt, wohin auch die Bewohner der Unterstadt und der umliegenden Orte geflohen waren, einzuschliessen. Durch mehrere Schiffe wurde auch der
Verkehr der Stadt mit dem linken Donauufer unterbrochen.

Durch heftige Beschiessung und wiederholte Stürme wurde nun
der Besatzung so zugesetzt, dass sie nur durch die weisen Anordnungen
ihrer Führer, sowie durch die eigene Tapferkeit und Ausdauer gerettet
werden konnte.[13]

Mit dem Aufheben der Belagerung von Wien zogen die Türken
auch von Klosterneuburg ab, wo schon in den nächsten Jahren im
Stifte, in Voraussicht sich wiederholender Gefahren, eine mit Kanonen
und sonstigen Waffen ausgerüstete Waffenkammer errichtet wurde.

Der Rückmarsch der Türken gieng äusserst langsam vor sich.
Am 17. October, nachdem der Sultan das Lager nächst Simmering
verlassen hatte, langte er vor Bruck an der Leitha an, wo er lagerte,
ohne die Stadt zu betreten. Ibrahim folgte ihm einige Tage später, bis
an die Grenze Ungarns von Reiterscharen verfolgt. Anhaltende
Regengüsse hatten die Wege ungangbar gemacht, die zu überschrei-
tenden Flüsse waren aus den Ufern getreten und versumpften die
ganze Gegend. Pferde und Kameele — soweit überhaupt noch vorhanden — waren geschwächt und herabgekommen, und blieben, sowie
die Fuhrwerke, in dem grundlosen Boden stecken, daher in dem verwüsteten Lande empfindlicher Mangel an Proviant eintrat. Am folgenden Tage traf der Sultan unter Schneegestöber bei Altenburg ein,
von wo er die mitgeführten Geschütze und Munitionswagen, von denen
schon unterwegs manche zurückgelassen worden waren, nicht mehr
weiterbringen konnte. Ibrahim, der einige Tage später Altenburg erreichte, liess die Geschütze auf den vorhandenen Schiffen verladen,
alle Fuhrwerke aber verbrennen. Von den Schiffen der Nassadisten,
welche schon in Wien mit Geschützen beladen waren, wurden mehrere
bei der Vorbeifahrt an Pressburg durch das Geschützfeuer vom Schloss-

[13] Fischer's Geschichte von Klosterneuburg bringt die dürftigen Nachrichten
aus den wenigen, im Archive des Stiftes vorhandenen Quellen. Nach dem Abzuge der
Türken bedurfte es der Intervention König Ferdinand's, um Lamberg zum Verlassen
des Stiftes zu bewegen und die Chorherren wieder in den Besitz desselben zu setzen.

berge aus in den Grund gebohrt. Den 20. langte der Sultan bei Raab
an, wo er das Eintreffen des Grossveziers abwartete.

Eingerissene Unbotmässigkeit der Truppen veranlasste den Gross-
herrn, strenge Massregeln zu ergreifen.[14] Den 25. October traf der Sultan bei Alt-Ofen ein, wo ihm
Zápolya entgegenkam, um mit ihm in Ofen einzuziehen. Am 28. hielt
der Sultan Divan, bei welchem ihm Zápolya die Hand küsste und mit
den Worten: »Des Padischah Feldzug mag gesegnet sein« beglück-
wünschte. Beim Hinausgehen wurde Zápolya nach türkischer Art mit
Ehrenkleidern und Reitzeug beschenkt. Vor dem Abzuge nach Ofen
nahm der Grossvezier die ungarische Krone mit, vielleicht in der
Hoffnung, sie einst selbst zu tragen. Auf Befehl des Sultans musste
er sie aber nach drei Tagen, nachdem er sie den versammelten Begs
als aus der Zeit Nuschirwan's stammend gezeigt hatte,[15] wieder zu-
rückschicken.

Bei Pest gieng das türkische Heer über die Donau. Der Sultan
brach am 29. October von Ofen auf, langte nach beschwerlichem
Marsche am 6. November vor Peterwardein, den 10. vor Belgrad an,
und traf am 16. December in Constantinopel ein, wo er, mit sich
selbst zufrieden: »mit Glück und Macht vom Wiener Feldzuge ein-
zog«; mit diesen Worten schliesst Suleiman's Tagebuch über den Feldzug vom Jahre 1529.[16]

---

[14] Suleiman's Tagebuch sagt: »Weil niemand von den Officieren im Gefolge
des Padischah sich eingefunden hatte, so ward er darüber zornig und liess etwa
30 von den Officieren und Grosslehensträgern gefangen nehmen und einsperren.«

[15] Der Perserkönig Cosroes I. Nuschirwan war mit Kaiser Justinian I. in den
Jahren 541 und 542 im Kriege. Auch in späteren diplomatischen Verhandlungen
(1768) wird von türkischen Diplomaten die ungarische Königskrone, welche König
Stephan I. vom Papste erhalten hatte, als die Krone Nuschirwan's angeführt.

[16] Ausser den Tausenden von Gefangenen, welche die Türken von ihren Zügen
durch Oesterreich mitführten, schleppten sie noch unter dem Vorwande, die Güter
der Anhänger König Ferdinand's zu verwüsten, eine Unzahl von Gefangenen aus
Ungarn fort (Engel, Geschichte des ung. Reiches, IV, s. 24, gibt, wohl übertrieben,
50.000 an).

Fünftes Capitel.

Eine nachhaltige Verfolgung der Türken gleich nach ihrem Abzuge von Wien machte die Erschöpfung der Besatzungstruppen sowie die meuterische Bewegung unter denselben nicht möglich. Um jedoch keine Zeit zu verlieren, entsandte Graf Salm zur Verfolgung der Türken den Grafen Hardegg nach Oedenburg, dann den Niklas Rauber, Niklas Thurn, Sigmund Paradeiser und Christoph von Lamberg mit ihren Reitern über Bruck an der Leitha, um Altenburg wieder zu gewinnen; weiters drei Fähnlein Tiroler Landsknechte, die am 25. October in Wien angelangt waren. nach Pressburg, und ein Fähnlein Landsknechte aus Augsburg, unter dem Hauptmanne Bernhard Schludi (welches jedoch vor der Belagerung nicht in die Stadt kommen konnte), um Hainburg zu besetzen. Pfalzgraf Friedrich verlangte aber schon am 30. October die Rückberufung der Reichstruppen aus Hainburg, weil dieselben nur zur Vertheidigung Wiens gegen die Türken, keineswegs aber zur Wiedereroberung Ungarns bewilligt worden wären. Hans Katzianer und Paul Bakič drangen am linken Donauufer vor, um die Truppen Zápolya's aus Tyrnau und Trentschin zu vertreiben. .

Hätte Ferdinand noch nach dem Abzuge der Türken aus Ofen über alle die Truppen, die sich um Wien zu sammeln im Begriffe waren, verfügen können, so würde Zápolya auf die Dauer schwerlich

zu widerstehen vermocht haben. Doch waren es nicht die Reichstruppen
allein, die sich weigerten, nach Ungarn zu gehen, auch in den österreichischen Erblündern war das Gefühl der Zusammengehörigkeit noch
so gering, dass Salm, als er nach Ungarn aufbrach, kaum 4000 Mann
zusammenbrachte, mit welchen es ihm gelang, Altenburg, Raab, Komorn,
Martinsberg und endlich auch die Stadt Gran einzunehmen, während
der Erzbischof Várday[1]) die Uebergabe des Schlosses daselbst verweigerte. Von Güns aus machte Niklas Jurischitsch vergeblich den
Versuch, Steinamanger zu nehmen, das von Anhängern Zápolya's, die
Güns sowie Oedenburg bedrohten, stark besetzt war.

Als Zápolya dem Erzbischof in Gran eine Donauflotille und
einen Haufen Reiter zu Hilfe sandte, gab Salm die Fortsetzung des
Feldzuges auf und bezog Winterquartiere bei Pressburg und Tyrnau.

Graf Salm selbst zog sich nach Pressburg zurück, von wo er
am 24. März 1530 mit Rücksicht auf sein hohes Alter und auf die
Verwundung, welche er in Wien erhielt, deren Zustand sich in Folge
des Winterfeldzuges verschlimmert hatte, um seine Enthebung vom
Dienste eines obersten Feldhauptmannes ansuchte,[2]) welche ihm mit
dem Erlasse de dato Prag, 16. April 1530 auch gewährt wurde. Salm
zog sich nun ganz zurück und erlag auch bald, den 4. Mai 1530,
seinem Leiden. Er starb wahrscheinlich in seinem Schlosse zu Marchegg;[3])

[1]) Der Erzbischof verweigerte die Uebergabe des Schlosses unter dem Vorwande, dass er selbes der Kirche zu erhalten verpflichtet wäre. Sein Benehmen
während des Einfalles der Türken will dieser Kirchenfürst in einem Briefe an den
ungarischen Kanzler König Ferdinand's damit rechtfertigen, dass er vorgab, aus Treue
gegen den König in das türkische Lager geflüchtet zu sein, um nicht Zápolya Dienste
leisten zu müssen (Buchholz, IV, S. 57).

[2]) Salm, der bereits ein Alter von 70 Jahren erreicht hatte, sagte in seinem
Enthebungsgesuch: »So ich aber des Schadens halber, so Ich Inn der Belegerung
Wien, mit gnediger erlaubnis Zeschreiben, an einem schenkel empfangen, Und das
mir derselb den Zug gen Gran vast erfroren, Und zu böserung geschickt, Und sunst
gemeld hauptmannschaft nimmer vor sein kahn od. mag, sondern größlich mein nott-
durft erfordert, das ich mir an solchen schaden helfen las, und nuhaims beleib, Ist
mein underthenigist gehorsam bit, Er. khun. Mst. wolle mich nu weiter solcher Haubt-
mannschaft, weil nu das Jahr der Ich mich Er. Mst. Zu guetem bewilligt diser tagen
verscheint, gemelter Ursach und meiner schwachhait und unvermügens halber genc-
digklichen entheben dann ich mich der wie vor gemelt nimmer zu beladen weis.«
(Das Original im k. u. k. Kriegsarchiv, Fascikel VIII, 9, vollinhaltlich mitgetheilt bei
Newald, Beilage 8.)

[3]) Ueber den Ort, wo Salm starb, sind die Ansichten getheilt; für Marchegg,
das als früheres Pfandgut kurz vor seinem Tode ganz in sein Eigenthum übergieng,
wo das Schloss auch erhalten war, spricht die Nähe von Pressburg und der Umstand,
dass Salm sich am 12. März daselbst befand, sich dann zum Kriegsrathe wieder dah'n

begraben wurde er in Wien. wo Kaiser Ferdinand I. seinem alt-
bewährten Feldherrn ein Denkmal errichten liess.[1])

Für Zápolya hatte der Zug Suleiman's die erwarteten Vortheile
nicht gebracht; sein Gegner war nicht besiegt. er selbst war der Gnade
des Sultans preisgegeben, kein Heer blieb zu seinem Schutze zurück.
in den Augen der Christenheit war er nun ein Verräther am Glauben.
seine geheimen Verbündeten schämten sich seiner Freundschaft, und
selbst König Franz von Frankreich, der nach dem Friedensschlusse
mit dem Kaiser seiner nicht mehr bedurfte, rieth ihm. die Länder
Ferdinand's nicht mehr mit den Türken in Gemeinschaft anzugreifen.
und hielt die Hilfsgelder zurück. Den Besitz der Hauptstadt und der
ungarischen Krone hatte Zápolya zwar erworben, doch missbilligten
seine eifrigsten Anhänger im Lande ernstlich seine offene Verbindung
mit den Ungläubigen. Noch nachtheiliger für ihn war die Art der
Hilfe der Türken. welche in dem verbündeten Ungarn sich nahezu
ebenso benahmen. wie in Feindesland.

Suleiman vermied zwar durch seinen rechtzeitigen Abzug von
Wien. sich der dort ansammelnden Macht von ungefähr 80.000 Mann
entgegenstellen zu müssen; ein entscheidender Erfolg über das türkische
Heer war aber durch die tapfere Vertheidigung Wiens nicht erreicht
worden, und es war vorauszusehen. dass ein abermaliger Einfall der
Türken in nicht zu langer Zeit zu erwarten wäre. Nur durch eine
Vereinbarung mit der Pforte hielt es Ferdinand für möglich, den un-
umschränkten Besitz Ungarns wieder erlangen zu können. Um Zeit
zu neuen Rüstungen zu gewinnen, entschloss er sich daher im Ein-
verständnisse mit Kaiser Karl V. zur Absendung einer Gesandtschaft
an den Sultan, mit welcher wichtigen Mission Joseph von Lamberg
und Niklas Jurischitsch[5]) betraut wurden. Die Gesandten sollten darauf

verfügte und dort bis zu seiner Enthebung verblieb. Für Wien spricht nur der Umstand, dass er daselbst ein Haus besass (an Stelle des jetzt dem Grafen Pallavicini
gehörigen Palais auf dem Josefsplatze), und dass ärztliche Hilfe dort eher zu finden
war. Entschieden unrichtig ist aber die Angabe, dass er im Salmhof bei Marchegg —
einem erst in späterer Zeit erbauten Wirtschaftshofe — gestorben wäre.

[1]) Das von Kaiser Ferdinand errichtete, aber erst nach dessen Tod in der
Dorotheerkirche (dermalen Gotteshaus der Lutheraner Augsburgischen Bekenntnisses)
aufgestellte Denkmal wurde gelegentlich der Aufhebung des Dorotheerklosters abgetragen und war nahe daran, gänzlich zerstört zu werden. Seit 1879 befindet es sich
in der Votivkirche.

[5]) Niklas Jurischitsch — so schreibt er sich selbst — entstammte einer adeligen
Familie aus Zengg. Während der Belagerung Wiens im Jahre 1529 that er den zurück-

hinweisen, dass König Ferdinand nun gut gerüstet sei, und, nachdem
der Kaiser jetzt mit allen christlichen Fürsten in Frieden lebe, er auch
von diesen unterstützt würde, es daher auch für die Türken von Vortheil wäre, in guter Nachbarschaft zu leben. Sie bekamen die Vollmacht für die Herausgabe der von den Türken eroberten Festungen,
oder doch für eine derselben eine Geldsumme anzubieten, im Nothfalle auch diese Forderung ganz fallen zu lassen, und endlich
sogar eine jährliche Pension bis zu 100.000 Ducaten für eine längere
Friedensperiode anzubieten. An reichlichen Geldversprechungen für
den Grossvezier sollten sie es nicht fehlen lassen. Wenn der Sultan
sich verpflichtet fühle, den Zápolya zu unterstützen, so würde der
König sich auch herbeilassen, mit diesem eine Vereinbarung zu treffen.
Bemerkenswert ist auch, dass den Gesandten aufgetragen wurde, die
Verhandlungen nur in deutscher Sprache zu führen, was dieselben bei
dem Umstande, als sich ein Dolmetsch für die unmittelbare Uebersetzung nicht fand und die croatische oder lateinische Sprache zur
Vermittlung dienen musste, wesentlich erschwerte.[6] Wohl wegen Er-
wirkung eines Geleitbriefes verzögerte sich die Abreise der Gesandten
bis zum Herbste, so dass sie erst am 17. October 1530 in Constantinopel
eintreffen konnten, wo sie zwar feierlich empfangen, aber im Chan
der Gesandten fast wie Gefangene gehalten wurden.

Erst am 25. October wurden die Gesandten vor den Grossvezier
geführt, der ihnen nach langen höhnischen Reden, in denen er den
König nur Ferdinand nannte, und den Kaiser nur als König von
Spanien anführte, eine Audienz beim Sultan versprach. Eine zweite
Unterredung mit Ibrahim am 31. October zeigte schon, dass die Ge-
sandtschaft einen Erfolg nicht haben konnte. Nur wenn Ferdinand
ganz Ungarn aufgäbe, das dem Sultan gehöre und vom Wojwoden
Zápolya[7] nur in dessen Namen verwaltet werde, und wenn Kaiser

weichenden Türken an der steirischen und krainischen Grenze grossen Abbruch, wofür
ihm mit Resolution de dato Krems, 9. November 1529, die Herrschaft oder das Pfand-
recht auf Güns verliehen wurde. Im Jahre 1532 war er des heil. römischen Reiches
Ritter, römisch königlicher Majestät Rath, Hauptmann zu St. Veit am Pflaum (Fiume),
Hauptmann und Pfandherr zu Güns. Im Jahre 1538 war er oberster Feldhauptmann
über die niederösterreichischen und windischen Lande und Landeshauptmann in Krain.
Er starb vermuthlich im Jahre 1544, seine Grabstätte ist unbekannt. In Wien besass
er ein Freihaus in der Schenkenstrasse, wo jetzt das Gebäude des ungarischen Ministeriums steht.

[6] Instruction König Ferdinand's I. für Joseph von Lamberg und Nikolaus
Jurischitsch vom 27. Mai 1530 (Gevay, Urkunden und Actenstücke, 1530, S. 1—23).

[7] Johann Zápolya, Graf der Zips und Wojwode von Siebenbürgen, wird von
König Ferdinand als »Woywode« oder »Woywode Johann«, von seiner Partei als

Karl. der des Sultans Feind wäre. Deutschland verlasse und nach
Spanien zurückkehrte, wäre nach Ibrahim's Meinung ein Friede
möglich. Eine feierliche Audienz beim Sultan am 7. November war
wohl nur Formsache; er hörte die Vorträge der Gesandten an und
nickte mit dem Kopfe, worauf der Grossvezier in den nächsten Tagen
eine Antwort verhiess. Zwei Tage später zu Ibrahim berufen, erklärte
dieser in langer Rede. der Sultan könne das zweimal eroberte Ungarn
nicht aufgeben.[8]) Von der Erfolglosigkeit ihrer Verhandlung überzeugt,
baten sie um eine Abschiedsaudienz. die ihnen am 15. November gewährt wurde. Im Abschiedsschreiben an Ferdinand stellte Suleiman
sogar die Behauptung auf, dass nicht nur Ungarn. sondern auch die
deutschen Länder Ferdinand's rechtlich ihm gehörten, weil er sie mit
seiner Person besucht und mit seinem Antlitze erblickt habe. Die
Gesandten wurden noch fünf Wochen in Constantinopel zurückgehalten
und kehrten erst im Februar 1531 nach Hause zurück.

Während des Jahres 1529 blieben die windischen Lande und
Krain von Türkeneinfällen verschont, und in Folge dessen blieb auch
die Grenze daselbst ziemlich vernachlässigt. Sowohl die Parteigänger
Ferdinand's — Pekry an der Spitze — in Croatien, wie die Stände
in Krain ersuchten zu Anfang des Jahres 1530 dringend um Hilfe.
Und wie nothwendig es war, diesen Ländern beizustehen, zeigte sich
auch schon im Februar, als eine Türkenschar Croatien durchzog und
in Krain einfiel. Gottschee wurde verheert und dieser Raubzug bis
Ostern viermal wiederholt, wobei gegen 5000 Menschen in Gefangenschaft geriethen.[9]) In Croatien, wo Pekry von dem zum obersten
Feldhauptmann in Innerösterreich ernannten Hans Katzianer[10]) nur
ungenügend unterstützt wurde, behaupteten sich zwar die Anhänger

---

»König Johann« und von den Türken als »Janus Woyda« oder »Janus Kral« angeführt.

[8]) Bericht Lamberg's und Jurischitsch' an König Ferdinand vom 23. Februar
1530 (Gevay, Urkunden etc. vom Jahre 1530, S. 27 f.).

[9]) Valvasor, und nach ihm Hammer, führt diese Einfälle an. Dimitz (Geschichte
Krains) führt nur an, dass den Bewohnern von Gottschee, der Kriegsbedrängnisse
wegen, Steuern nachgelassen wurden und dass Einfälle stattfanden.

[10]) Freiherr Hans Katzianer von Katzenstein, aus einem alten Krainer Geschlechte stammend, wurde zu Ende des XV. Jahrhunderts zu Katzenstein in Ober-
krain geboren. Schon in jungen Jahren bewährte er sich als Führer einer Reiterschar; in Wien war er einer der tapfersten Vertheidiger und that sich bisher als
kühner und unternehmender Reiterführer in den Kämpfen Ferdinand's um die ungarische
Krone hervor.

Ferdinand's; ganz unterdrücken konnten sie aber die Partei Zápolya's
unter Tahy und dem Agramer Bischof Erdödy, die es stets mit den
Türken hielten, nicht. Als eine Reiterschar unter Jakob von Lamberg
nach Agram und Warasdin geschickt wurde, um Croatien im Widerstande gegen die Türken zu unterstützen, protestierten wieder die
dortigen Grossen. Mangel an Geld und Uneinigkeit mit den croatischen
Edelleuten hinderten Katzianer, sie ernstlich gegen die Türken zu
unterstützen, welche sich an einzelnen Grenzorten festgesetzt hatten,
um von dort Raubzüge zu unternehmen. Krain wurde nun von einer
im Vereine mit Kärnten und Steiermark aufgestellten, in den Waffen
geübten Bauernschar von 2000 Mann besetzt. Ausserdem wurde im
Mai zu Windischgraz von den drei Ländern die Beistellung von leichten
Reitern unter den Hauptleuten Niklas von Thurn, Heinrich Werneeker
und Jakob Raunacher gesorgt, da sich dieselben gegen die über-
raschenden Einfälle der Türken wirksamer erwiesen als die Fussknechte.
Auch die über Krains Grenzen gelegenen Plätze Clissa, Zengg, Otto-
schatz, Bründl, Wichitsch, Repitsch und Comen wurden von Krain
aus besetzt, befestigt und mit Proviant versehen. Die vom Reichstag
zu Augsburg den Ständen dieser Länder zugesagte Hilfe wurde aber
nicht beigestellt.

Siebenbürgen war schon im Jahre 1529, nachdem die Anhänger
Ferdinand's unter Valentin Török und Stephan Mailath am 22. Juni
vom Woywoden der Moldau bei Marienburg geschlagen worden waren,
zum grössten Theil für Ferdinand verloren gegangen. Nur mit Mühe
vermochten sich die Sachsen unter ihrem Grafen Markus Pempflinger
ihrer Feinde zu erwehren.

In Ungarn hatten die Truppen Ferdinand's während dieser Zeit
auch keine wesentlichen Fortschritte gemacht. Litten die Einwohner
schon durch den Kampf beider Parteien, so wurde die Noth durch die
Ausschweifungen der Soldaten Ferdinand's noch wesentlich vermehrt:
sie machten zwischen den Getreuen und Rebellen oft wenig Unterschied.
Uebrigens war Zápolya in keiner günstigeren Lage, da er die Folgen
seines Bündnisses mit den Türken nur zu bald hart genug zu fühlen
bekam.

Die Furcht, der deutsche Reichstag in Augsburg unter Vorsitz
des Kaisers könnte dem König Ferdinand ausgiebige Hilfe bewilligen,
und die Besorgnis, die Gesandtschaft Ferdinand's in Constantinopel
könnte doch einen Erfolg haben, veranlassten Zápolya, den Pascha von
Semendria, Mehemedbeg, zu einen Zug nach Mähren und den an-
grenzenden, von den Türken im Vorjahre verschonten Theil Nieder-

österreichs anzueifern, da diese Länder noch eine reiche Beute versprächen. Dieser erschien auch, nachdem ihm Zápolya einen Verwandten, Peter Petrovich, als Führer mitgegeben und das Versprechen abgenommen hatte, sich in Ungarn aller Gewaltthätigkeiten zu enthalten. Ende August 1530 mit 25.000 bis 30.000 Mann vor Ofen und drang bis an die Waag vor. Als ihm Alexander Thurzó, der die Brücken über den Fluss abreissen liess, hier Widerstand leistete, entschloss sich Mehemed zum Rückzug und plünderte nun, alles verwüstend und niederbrennend, ohne Rücksicht, ob es Anhänger oder Gegner Zápolya's betraf, die Gegend zwischen der Waag und Pest vollständig aus. Tausende von Menschen wurden hingeschlachtet und bei 50.000 in Gefangenschaft geführt. Zápolya, der sich König nannte, sah die Vorwürfe, die er dem an Pest vorüberziehenden Mehemedbeg machte, mit Hohn beantwortet. und seine Bitten um Freilassung der Gefangenen abgewiesen. Er klagte vergeblich bei Gritti, welchen er nach Constantinopel gesandt hatte, um den Anträgen Ferdinand's entgegenzuarbeiten.

Im Herbste 1530 machte König Ferdinand abermals den Versuch, Ofen einzunehmen. Wilhelm von Roggendorf zog mit 10.000 Mann österreichischer Truppen, denen sich Ungarn in gleicher Zahl anschlossen, donauabwärts. Erzbischof Várday, über die Verwüstung seiner am linken Donauufer gelegenen Güter durch Mehemedbeg erbost, schloss mit Roggendorf einen Vertrag und übergab ihm Gran. Vor Ofen, dessen Besatzung durch 3000 Türken unter Gritti verstärkt worden war, langte Roggendorf am 31. October an, seine Truppen waren aber zu schwach, die Stadt vollkommen einzuschliessen. Zápolya rief nun Nádasdy herbei, der im Begriffe war, Szigeth zu belagern. Dieser hob die Belagerung auf und gieng über Stuhlweissenburg nach Ofen. Anfangs durch Reiter aufgehalten, erreichte er aber die Stadt auf Umwegen doch.

Roggendorf's Truppen gelang es zwar, in Ofen die untere Stadt einzunehmen und eine Bresche in die Mauer der Oberstadt zu legen, doch blieben die wiederholten Stürme auf letztere erfolglos, ebenso der Versuch, durch Minen die Mauern der Oberstadt niederzulegen, weil das Pulver zur Sprengung derselben mangelte, und dessen Transport auf der Donau durch widrige Winde und zu Land durch schlechtes Wetter aufgehalten wurde. Zunehmende Kälte, Mangel an Lebensmitteln und das Auftreten von Seuchen nöthigten Roggendorf zur Aufhebung der Belagerung. Er zog gegen Ende December nach Gran zurück. wo er überwinterte. Wenn auch der Angriff auf Ofen miss-

lang. so gelangte doch Gran und Visegrád wieder in den Besitz
Ferdinand's. und in Folge dessen sah Zápolya sich veranlasst, einen
Waffenstillstand einzugehen. der später durch Vermittlung des Königs
von Polen bis 1. Mai 1532 verlängert wurde. [11])

Das Jahr 1531 verstrich ohne einen namhaften Einfall der Türken
auf österreichisches Gebiet. doch war vorauszusehen, dass dieselben
für das nächste Jahr zu einem gewaltigen Kriegszug rüsten, und dass
Zápolya, der nicht aus aufrichtiger Friedensliebe den Waffenstillstand
geschlossen hatte, nur bis zum Aufbruch des türkischen Heeres Zeit
gewinnen wollte.

In Krain, Kärnten und Steiermark, den zunächst betheiligten
Ländern, traten im December 1531 die vereinigten Stände in Unter-
drauburg zusammen, um über die zur Sicherung ihrer Grenzen zu
ergreifenden Massregeln zu verhandeln. Nebst 2000 bewaffneten Bauern
in Krain wurden noch christliche Flüchtlinge aus den türkischen
Ländern — Uskoken genannt — vorläufig in der Zahl von 300 angeworben und mit ihren Familien an der Grenze von Möttling und
Sichelburg. welche Gegend daher auch den Namen »Uskoken-Gebirge«
erhielt. angesiedelt. [12]) Ausserdem wurden noch 400 leichte Reiter an
der Grenze in Dienst gestellt.

Die im Juni 1531 nach Prag einberufenen ungarischen Räthe
des Königs meinten. dass. wenn der bis Mai 1532 mit Wissen und
Zustimmung des Sultans abgeschlossene Waffenstillstand mit Ungarn
von den Türken auch gehalten würde, doch nach Ablauf desselben
ihre Rückkehr nach Ungarn wieder zu erwarten wäre. Wenn bis dahin

[11]) Nach der Belagerung kam Hobordansky, Ferdinand's früherer Botschafter,
zu Zápolya, angeblich mit einem Schreiben Várday's; er wurde beschuldigt, einen
Mordanschlag gegen Zápolya versucht zu haben. weil er ihm die Schuld an der Ermordung seiner Eltern und Geschwister gab. Zápolya behielt ihn als Gefangenen
zurück. Ferdinand fasste den Entschluss. Hobordansky gegen Franz Bodo aus-
zuwechseln; bevor es aber dazu kam, liess ihn Zápolya in einen Sack nähen und in
der Donau ersäufen.

[12]) Das war die Entstehung der Enclaven der Militärgrenze auf Krainer Boden.
Mit dem Jahre 1530 hatte die Einwanderung der Flüchtlinge begonnen. und bis zum
Jahre 1541 hatten bereits 3000 Slaven griechischer Religion aus Serbien und Bosnien
den Gorianberg und die Umgebung von Möttling, Sichelburg und Kostel bevölkert.
Sie wurden militärisch organisiert und unter Hauptleute gestellt, welche den Sold aus
dem Vicedomamt bezogen (Dimitz, Geschichte Krains).

der König nicht im Stande wäre, durch eigene Kraft oder im Vereine mit anderen Fürsten einen Kriegszug zu unternehmen und Ungarn zu unterwerfen — zumal, wenn man erführe, dass die Türken nicht in andere Kriege verwickelt wären — so wäre es rathsam, wegen Abschluss eines Waffenstillstandes erneut mit dem Sultan zu verhandeln. König Ferdinand beschloss daher abermals die Absendung einer Gesandtschaft nach Constantinopel und betraute damit den Grafen Georg von Nogarola und Josef von Lamberg. Die Gesandten erhielten noch viel weitergehende Vollmachten wie ihre Vorgänger. Wenn sie sähen, dass der Sultan auf ihre Vorschläge nicht eingehen wolle, so sollten sie für die Bewilligung einer längeren Waffenruhe auch zugeben, dass Zápolya jenen Theil Ungarns, welchen er innehabe, ja sogar das ganze Land unter der Bedingung behalte, dass er nicht mehr heirate und im Falle seines Ablebens den König Ferdinand zu seinem Erben einsetze. Wegen der vorher nothwendigen Einholung eines Geleitbriefes verzögerte sich die Abreise der Gesandten bis zum nächsten Jahre.[13]

Am 5. Januar 1532 wurde Ferdinand zum römischen König gewählt und am 11. zu Aachen gekrönt. Trotzdem besserten sich seine Verhältnisse nicht. König Franz von Frankreich liess ungeachtet des Friedens mit Kaiser Karl V. nicht ab, dem Hause Habsburg überall Feinde zu erwecken. In Deutschland versagten die protestantischen Fürsten Ferdinand die Anerkennung als König und schlossen gegen ihn zum Schutze ihres Glaubens das Bündnis zu Schmalkalden.[14] Hand in Hand mit ihnen giengen die sonst streng katholischen Herzoge von Baiern, denen Zápolya die Ueberlassung jener Länder Oesterreichs zusagte, welche er im Verein mit den Türken erobern würde.

In der zu Innsbruck im Februar 1532 von Ferdinand einberufenen Ständeversammlung der österreichischen Länder bildete die Türkenhilfe den Hauptgegenstand der Berathung. Bisher nur ausnahmsweise bewilligt, wurde sie nun eine beständige Steuer; endlich mussten sich aber die Stände in die unvermeidlichen Opfer fügen. Kaum waren indessen die Stände heimgekehrt, so verbreitete sich die Nachricht, dass der Sultan schon zu einem neuen Zug rüste.

Als Nogarola und Lamberg den Geleitsbrief erhalten hatten, reisten sie Ende Mai 1532 ab, trafen aber den Sultan mit seinem Heere am 12. Juni schon unterwegs in Nissa.

---

[13] Instruction für Leonhard Graf von Nogarola und Josef von Lamberg vom 5. November 1531 (Gevay, Urkunden etc. vom Jahre 1530 bis 1532, S. 15).

[14] Buchholz, Urkundenband, S. 21, bringt den Protest der Fürsten und Stände vom 4. April 1531 gegen die Türkenhilfe.

Das türkische Heer, bestehend aus den Truppen von Rumili.
16.000 Mann, jenen von Anatoli, 30.000 Mann, den Janitscharen,
12.000 Mann, dann 20.000 regulären Reitern und den Akindschi —
den ›Rennern und Brennern‹ — ungefähr 130.000 Mann und 300 Geschützen, war schon am 25. April von Constantinopel aufgebrochen.[15]
So lange das Heer türkisches Gebiet durchzog, wurde strenge Mannszucht gehalten.

In Nissa wurden die Gesandten zuerst zum Grossvezier geführt,
der ihnen in langer, anmassender Rede erklärte, der Sultan wolle mit
Ferdinand, der sich fälschlich König von Ungarn nenne, das ihm gar
nicht gehöre, nichts zu thun haben; er sei nur ein ›kleines Herrl‹ in
Wien‹ und halte sein Wort nicht. Der Sultan suche nur den König
von Spanien, der oft schon gesagt habe, er wolle über das Meer
wider die Türken ziehen; nun wolle ihm der Sultan die Mühe er-
sparen und selbst ihn in Deutschland aufsuchen. Auf eine Theilung
Ungarns könne man sich gar nicht einlassen, da das Heer des Sultans
das ganze Land erobert habe.[16] Die darauffolgende Audienz beim
Sultan war nur eine Formsache.

Das türkische Heer langte am 21. Juni in Belgrad an. Ferdinand's
Gesandte wurden am 5. Juli abermals zur Audienz befohlen und zugleich mit den Botschaftern des Königs von Frankreich empfangen.
Eine schriftliche Antwort wurde ihnen versprochen; sie erhielten selbe
aber erst den 17. Juli. In einem Briefe theilte der Sultan dem König
mit, er ziehe gegen den König von Spanien, der sich oft gebrüstet
habe, er wolle gegen den Türken marschieren. Wenn Karl V. Muth
habe, so möge er ihn im Felde erwarten, sonst aber Tribut schicken.[17]
Entlassen wurden die Gesandten aber noch nicht, sie sollten den Sultan
bis an die österreichische Grenze begleiten.

---

[15] Nach Hammer, II, S. 87. Hiezu waren noch die in Belgrad zum Heere
zugestossenen Tataren und Grenztruppen mit ungefähr 30.000 Mann, also insgesammt
bei 160.000 Mann, zu rechnen. In Lasky's Schreiben an die Herzoge von Baiern
zählte das Heer des Sultans 70.000 Reiter, 100.000 Azapen (Fusstruppen), 18.000 Janitscharen, 15.000 Martolosen und 20.000 Pionniere, also zusammen über 220.000 Mann
und 800 Geschütze, was wohl übertrieben sein dürfte.

[16] Gesandtschaftsbericht vom 11. September 1532, in welchem unter andern
angeführt wird, dass Ibrahim die Frage stellte, ob der Weg nach Regensburg über
Bosnien oder über Ungarn und Wien näher wäre? (Gevay, Urkunden etc. vom Jahre
1530 bis 1532, S. 27.)

[17] Schreiben des Sultans an König Ferdinand aus Essegg, 12. Juli 1532
(Gevay, S. 87).

In Belgrad schlossen sich dem türkischen Heere noch 15.000 Tataren unter Schabib Girai, dem Bruder ihres Khans, dann die Truppen aus den Grenzländern unter Chosrevbeg an. Die schweren Geschütze, sowie auch anderes zur Belagerung von Wien vorbereitetes Materiale, wurden hier auf die Flotille verladen, um auf der Donau über Ofen geschickt zu werden. Beim Vormarsche wurde die Save zwischen Belgrad und Mitrovitz an mehreren Orten überschritten. Am 19. und 20. Juli übersetzte das türkische Heer die Drau bei Essegg auf einer Schiffsbrücke. Suleiman zog nun bis Mohács und wandte sich dann auf dem nächsten und bisher von den Türkeneinfällen noch meist verschont gebliebenem Wege durch den südwestlichen Theil Ungarns, über welchen sich das Heer bis an die steirische Grenze ausdehnte,[18]) gegen Wien, in dessen Umgebung sich bereits die zur Abwehr des feindlichen Angriffes bestimmten Truppen versammelten.

Die kleineren festen Plätze und Schlösser, welche das türkische Heer auf seinem Zuge durch Ungarn berührte — ohne Rücksicht, ob sie dem König Ferdinand oder Zápolya anhiengen — wurden, wenn sie sich nicht freiwillig ergaben, mit Gewalt genommen, geplündert und meist niedergebrannt, so Sziklos, Egerszeg, Kapornak, Hidveg, Körmend, Ikervar, Steinamanger und andere.[19]) Nur Güns, eine kleine, mit altartigen, aber noch gut erhaltenen Befestigungen versehene, auf dem geraden Weg nach Wien gelegene Stadt, leistete ernsten Widerstand.

---

[18]) Briefe von Bernhard von Teuffenbach vom 7. August aus Maierhofen an den Richter von Fürstenfeld, dann von Franz Batthyány aus Güssing vom 8. August an Ugnad, und vom Hauptmann Hans Wernecker vom 10. aus Radkersburg und vom 15. und 16. aus Graz an die krainerische Landschaft und die Stände melden übereinstimmend, dass über der ungarischen Grenze die meisten Orte in Flammen stehen, und bringen Nachricht über Einfälle von Türkenscharen bei Kaltenbrunn, Fürstenfeld und bei Hartberg (Anton Steinwenter, »Suleiman vor Marburg, 1532«).

[19]) Hammer, II, S. 88, nach Suleiman's Tagebuch, welches noch als eingenommene feste Plätze nachstehende, in der Gegend nicht mehr auffindbare Namen von Orten nennt, wie Babocha, Belavár, Berzencze, Kápolna, Csikso, Safade, Wntus, Pöliöske, Rum und Mesteri.

Sechstes Capitel.

Die Stadt Güns (Köszeg) — als Grenzort zwischen Steiermark
und Ungarn zu wiederholtenmalen den Angriffen von beiden Seiten
ausgesetzt — war schon seit älteren Zeiten her befestigt. Die mit acht
Thürmen verstärkte Ringmauer war von einem bei vierzig Meter breiten
und gegen zehn Meter tiefen Graben umgeben; nur durch zwei Thor-
thürme war die Verbindung mit dem Aussenfelde mittelst Zugbrücken
hergestellt. An der Nordwestseite der Stadt, innerhalb der Ringmauer,
befand sich das im Jahre 1236 durch den Günsinger Grafen erbaute,
von einem Graben umgebene Schloss, dessen zwei Thürme das Vorfeld
beherrschten.[1] Die Stadt mit dem Schloss war nach dem Tode des
Königs Matthias, 1490, an Oesterreich gefallen, bei welchem sie durch
anderthalb Jahrhunderte verblieb: seit 1529 war sie als Pfandlehen an
Niklas Jurischitsch vergeben. Die Zahl der Einwohner der Stadt betrug kaum 3000. doch hatten sich der Türkengefahr wegen die Bewohner der Umgebung. besonders eine Menge Greise, Weiber und
Kinder dahin geflüchtet. Jurischitsch war eben im Begriffe. mit seinen

---

[1] Von den alten Befestigungen der Stadt Güns sind noch viele Reste zu sehen.
Die genaueren Nachrichten über dieselben verdanke ich der Mittheilung des in der
Militär-Unterrenschule daselbst commandierten HerrnMajor Stephan Muchar, der mir
auch zwei durch Herrn Hauptmann Ferdinand Kužek hergestellte Copien eines im
Stadthause daselbst befindlichen Oelgemäldes mit der Ansicht der Stadt, sowie eines
Kupferstiches aus dem Jahre 1745 mittheilte, nach welchem die Form der Befestigung
mit ziemlicher Genauigkeit sichergestellt werden kann.

Leuten (10 schweren Reitern und 28 Husaren, d. i. leichten Reitern)
nach Wien zu ziehen, um sich dem Heere des Kaisers anzuschliessen,
als der Grossvezier am 6. August 1532 mit einem Theile des türkischen
Heeres vor der Stadt eintraf und sie einschloss.[2]

In der Hoffnung, den Feind doch einige Tage aufhalten zu können,
und dann einen ehrenvollen Tod zu finden, fasste nun Jurischitsch den
Entschluss, in der Stadt zu bleiben, obwohl die Zahl der Bewaffneten
nebst seinen eigenen Leuten kaum über 700, meist in den Waffen
kaum geübte Bürger und Bauern betrug.[3]

Vor dem Eintreffen der Türken hatte Jurischitsch noch die unmittelbar vor der Stadt gelegenen Vorstadthäuser niederbrennen und
die Gräben reinigen lassen; andere Vertheidigungsvorkehrungen konnten
nicht mehr getroffen werden, nachdem die Absicht, die Stadt ernstlich
zu vertheidigen, erst im letzten Augenblicke gefasst wurde. Geschütze
scheinen in der Stadt keine gewesen zu sein, die Zahl der Feuer-
gewehre dürfte sich auf wenige Wallbüchsen, die sich im Schlosse be-
fanden, beschränkt haben. Der Vorrath an Schiesspulver konnte erst
kurz vor dem Eintreffen der Türken auf wenige Centner ergänzt werden.

<hr />

[2] Martin Rosnak, »Belagerung der königlichen Freistadt Güns im Jahre 1532«,
gibt den 6. August als Ankunftstag des Grossveziers an. Die anonyme Schrift: »Die
Dürkiische Belegerung von Güns« setzt die Ankunft des ganzen türkischen Heeres
zwischen den 5. und 10. August fest.

[3] In einem Bericht an König Ferdinand vom 28. August 1532 sagt Jurischitsch:
»Aber demnach gnediger König, hab ich gedacht Euer Königl. May. und der gantzen
Christenhayt wolfart und nutz, und hab daran gesetzt mein leyb und gut und ein
mereres, etlich tausend Frawen, Junckfrawen, jung Manspersonen, und darunter vil
mer die herein geflohen sind, vor dem Todt des grausamen feindts, unnd hab mich
unterstanden, also den schlechten flecken, des Tyrannischen Kaysers und seiner Macht,
wie er dann in aygner person hir vor der Stat ligt, zu weren, nicht darum, das ich
het gedacht mich seiner Macht zu erwehren, sundern allein jnen auffzuhalten ein
zeytlang, damit Ewer May. mit dem Römischen und Christlichen Kayser, Ewer May.
bruder, und mit anderen Christlichen Fürsten besamlen, den Türken zu überziehen
und jm (mit hilff des allmechtigen Gottes und Jesu Christi; der uns mit seiner pittern
marter, layden unnd plut erledigt hat) widerstand thun, und hab darum alle sachen
in gewisen Todt gestellt, Gott wöll die Sachen gegen meiner Seel mit barmherzigkeit
richten .....« Jurischitsch schildert dann seine Lage, erwähnt die seither geschehenen
Vorkommnisse und sagt, dass er im Begriffe war, mit 10 schweren Reitern und
28 Husaren nach Wien zu ziehen, sich dann aber entschlossen habe in Güns zu
bleiben, obwohl er »kein Kriegsvolk und niemandts anders dann die elenden armen
Pawren, so hie her geflohen sind«, hatte, »und derselben sind im Anfang nit mer mit
der weer gewesen, als siben hundert, yetzt sind jr nit der halbteil, darzu sind mir all
meine Diener die befelch gehabt erschlagen und erschossen.« (Göbel, Beiträge zur
Staatsgeschichte von Ungarn, S. 204.)

Güns zur Zeit der Belagerung im Jahre 1532.

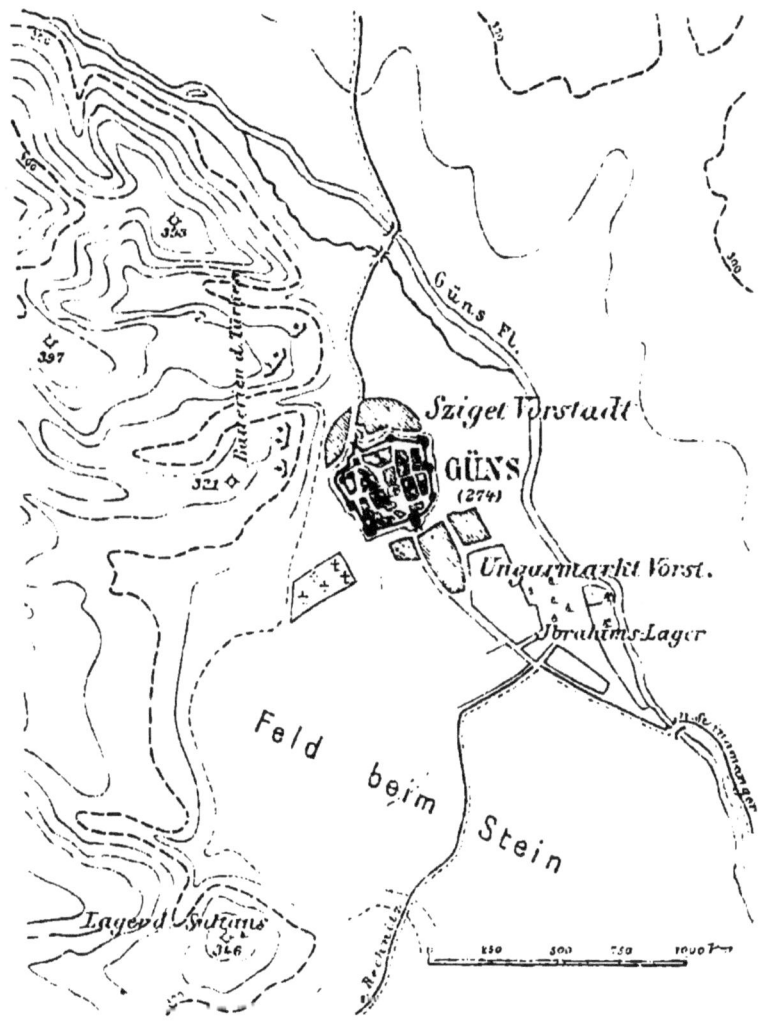

Einige Tage später, den 9. August. traf der Sultan vor der Stadt ein und bezog südlich derselben ein Lager.[1]) Von hier aus entsandte der Sultan die Akindschi — die »Renner und Brenner« — unter Kasim-beg's Führung nach Oesterreich. zur Verwüstung des Landes.

Die Türken begannen gleich mit den Belagerungsarbeiten und errichteten an vier Orten Batterien, von welchen besonders jene mit acht Geschützen auf dem westlich gelegenen Weinberge (welcher die Stadt um 40 bis 50 Meter überhöhte) der Umfassungsmauer und dem Schlosse grossen Schaden zufügte. Obwohl die Türken nur leichte Geschütze hatten — Falkonette und Falkonen, Vier- bis Zehnpfünder — wurde schon am dritten Tage nach Beginn der Beschiessung die Brustwehr (Jurischitsch sagt »Hochwehr«) eingeschossen und darauf der Versuch gemacht, die Mauern mit Leitern zu ersteigen. Der Versuch misslang zwar, es blieb aber nicht bei dem einen Versuche. der Sturm wurde an diesem Tage nach und nach mit frischem Volke elf-mal wiederholt. Vom 14. August an versuchten die Türken durch Petarden, Minen und mittelst Untergrabungen die Stadtmauern zum Einsturz zu bringen. Es gelang ihnen auch, eine Strecke von zehn Klaftern niederzuwerfen, worauf durch anderthalb Stunden der ver-gebliche Versuch gemacht wurde. über die Bresche in die Stadt zu dringen. Während dieses Sturmes stand Suleiman mit seinem Gross-vezier und den noch immer im Lager zurückgehaltenen Gesandten Ferdinand's auf der Höhe der Weinberge. um den Verlauf des Kampfes zu beobachten.[5])

Nachdem die auf den Höhen gelegenen türkischen Batterien nicht nur die Stadtmauern beschossen, sondern auch über die Häuser der Stadt hinweg die auf der entgegengesetzten Seite derselben stehenden Vertheidiger im Rücken bedrohten, liess Jurischitsch daselbst mit Brettern und Balken Deckungen und Rückenwehren errichten. Auch die Versuche der Türken, den Graben mit Faschinen auszufüllen und an der Stadtmauer Bollwerke aus Holz zu errichten, welche selbe überhöhten, um von hier aus die Vertheidiger mit Handgeschossen zu überschütten, misslangen. Die Vertheidiger brachen in der Nacht Löcher

---

[1]) Der Sage nach wäre das Zelt des Sultans auf dem südwestlich der Stadt ge-legenen Hügel, »Am Stein« genannt, gestanden, während das Zelt Ibrahim's sich auf dem Anger der Vorstadt »Ungarmarkt«, wo jetzt die Kapelle steht, befunden hat.
[5]) Göbel, S. 399, »Bericht des Jurischitsch an König Ferdinand«, und Rosnak, S. 31, der sich an die Beschreibung des Bischofs Paulus Jovius und an ein Manu-script hält, das sich im Kloster zu Lakenhaus befunden hat, dermalen aber im Stadt-archiv zu Güns sein dürfte

am Fusse der Stadtmauer und steckten die Bollwerke in Brand, indem sie mit leicht brennbaren Stoffen gefüllte Fässer unter dieselben warfen und sie entzündeten. Bei einem Sturme am 27. August gelang es den Türken wiederholt, ihre Fahnen auf der Stadtmauer aufzuflanzen; jedesmal wurden sie aber wieder hinabgestürzt.

Am 28. August zur Uebergabe der Stadt aufgefordert, erwiderte Jurischitsch: »Nicht ihm, sondern seinem Herrn, dem Könige, gehöre Schloss und Stadt; sie seien ihm nur unvertraut, und er werde sie daher auch Niemandem überliefern, so lange er lebe. Ebenso könne er auch nicht Tribut zahlen, den er nicht habe.«[6]) Zweimal noch wurde diese Aufforderung zur Uebergabe der Stadt, und zwar mit der Frage wiederholt, ob Jurischitsch keine andere Antwort geben wolle?

Zwei Stunden später wurden im türkischen Lager die Heerpauken gerührt und abermals der Versuch gemacht, mit aller Gewalt in die Stadt zu dringen. Es war dies der achtzehnte und auch der letzte Anlauf, zu dem die Türken von ihren Officieren schon mit Schlägen angeeifert werden mussten. Achtmal wehten die Fahnen der Angreifer schon auf den Wällen, jedesmal wurden sie wieder herabgeworfen. Endlich gelang es ihnen, in die Bresche einzudringen; mit grossem Verluste mussten sich die Vertheidiger auf den hinter derselben hergestellten Wall zurückziehen. Da erhob das in der Stadt angesammelte Volk — den unvermeidlichen Untergang voraussehend — ein so durchdringendes Geschrei, dass die Angreifer, in dem plötzlichen Lärm eine unerwartet anrückende Hilfe vermuthend, gegen Mittag vom Sturme abliessen und sich mit dem Verluste zweier Fahnen zurückzogen. Die Belagerten waren über diese überraschende Wendung selbst so erstaunt, dass sie selbe nur einem Wunder zuschreiben zu können glaubten.[7])

Drei Stunden später kamen vier Türken als Abgesandte des Grossveziers zur Stadt, welche die Botschaft brachten, dass Jurischitsch wegen der tapferen Vertheidigung derselben beim Sultan Gnade gefunden habe, und denselben aufforderte, sich zu einer Unterredung in das türkische Lager zu begeben.

Im Bewusstsein, dass die Stadt nicht länger mehr zu halten wäre,[8]) entschloss sich Jurischitsch nach kurzer Berathung, einen Ge-

---

[6]) Bericht des Jurischitsch an König Ferdinand (Göbel).

[7]) Später wurde erzählt, der Schutzpatron von Güns, der heilige Martin, wäre mit gezogenem Schwert in den Wolken erschienen und hätte die Türken zurückgetrieben.

[8]) In dem Berichte vom 30. August schreibt Jurischitsch: »Ich hab gesehen nur die not, da ist gewesen kein pulver mer weder zum Handtgeschütz weder zum

leitsbrief zu verlangen, und verfügte sich nach Erhalt desselben — obwohl selbst verwundet — zu Ibrahim, in der Hoffnung, ehrenvolle Uebergabsbedingungen erwirken zu können oder doch Zeit zu gewinnen. Sicherheitshalber beliess er zwei der Boten in der Stadt zurück und ordnete vor seinem Abgang an, man möge, wenn ihm ein Leid geschähe, keine Rücksicht auf ihn nehmen.

Von Ibrahim wurde Jurischitsch wohlwollend empfangen und zuerst über sein Befinden befragt. Auf die weitere Frage, ob er denn von seinem Herrn noch Hilfe erwarte, gieng Jurischitsch nicht ein. Als aber Ibrahim ihm mittheilte, dass er beim Sultan Gnade für ihn erwirkt habe, dass dieser ihm Stadt und Schloss und alles, was darin wäre, schenke, und ihn dann aufforderte, zum Sultan zu gehen, erwiderte Jurischitsch ausweichend — indem er dem Grossvezier den Kleidsaum küsste — er wisse, dass der Sultan jedenfalls gut heissen würde, was Ibrahim verspreche. Der jeder Schmeichelei zugängliche Grossvezier, welcher mit der Annahme des Geschenkes auch die Berechtigung, es zu gewähren, anerkannt sah, stand nun von jeder weiteren Forderung ab.

Auf Jurischitsch' Ansuchen wurde hierauf die in den Laufgräben zurückgebliebene türkische Besatzung zurückgezogen, zur Bewachung der Bresche aber und der Stadtthore eine türkische Wache gegeben, . welche am 29. August aufzog und auf dem höchsten Thurme der Stadt eine Fahne aufpflanzte.[9]

Als ein Janitscharenhauptmann, der Jurischitsch zurückgeleitete, das Schloss und die tapferen Ritter, welche es vertheidigten, zu sehen verlangte, wurde ihm dies unter dem Vorwande, dass es Spanier und Deutsche wären, auf die Jurischitsch zu wenig Einfluss habe, verweigert.[10] Für Ibrahim und die anderen Hauptleute schickte nun Jurischitsch alles Silberzeug, das er im Besitz hatte und erhielt dagegen im Namen des Sultans ein Ehrenkleid.[11] Der Anforderung, nach

Hacken, ich hab kein man gesehen so überblieben sein, der mer ein lust hat gehabt sich zu weren, es wer auch unmüglich gewesen, ein Stundt ferner sich zu erhalten.«

[9] Nach Mittheilung des Herrn Major Muchar wird im städtischen Archive ein kaum 1 Decimeter breiter, 1½ Meter langer, jetzt gelber, verschossener Seidenstreifen als die auf dem Thurme aufgesteckt gewesene Fahne gezeigt.

[10] Die Erzählung dieses Vorfalles scheint später Anlass dazu gegeben zu haben, dass man die Vertheidigung von Güns spanischen und deutschen Landsknechten zuschrieb.

[11] Der Bericht Jurischitsch', vollinhaltlich in Göbel's »Beiträgen zur Geschichte Europas etc.« sagt: »Aber als viel ich Silbergeschir hab gehabt, da hab ich dem Ibrahim Wascha und anderen Obersten bevelchsleuten geschenkt, dagegen hat mich der Ibrahim Wascha im Namen des Kaisers mit einem Rock vereert, der kost mich warlich tewer genug.«

dem Abzuge des türkischen Heeres die später kommenden Kranken
und Nachzügler unbehelligt zu lassen, wurde selbstverständlich entsprochen.

Dass Güns dem Andrange der Türken nicht länger mehr widerstehen konnte, scheint weder der Grossvezier noch der Sultan rechtzeitig erkannt zu haben, und deshalb begnügte sich ersterer, der
Jurischitsch schon seit seiner Verwendung als Gesandter kannte, mit
einem Scheinerfolge, der ihm unter den gegenwärtigen Verhältnissen
erwünscht schien, und den anzunehmen er auch den Sultan leicht
überredete.

Während im türkischen Lager die Scheincapitulation von Güns
als ein errungener Sieg gefeiert wurde (der Muteferika, welcher dem
Sultan die Nachricht von der Uebergabe der Stadt überbrachte, wurde
ebenso wie Ibrahim reich beschenkt), schrieb Jurischitsch an König
Ferdinand, dass er vermuthe, der Türke werde nicht nach Wien auf-
brechen, sein Vorhaben wäre vielmehr, das Land bis Slavonien zu ver-
heeren und sich zu rühmen, der Kaiser habe nicht gewagt, sich im
Felde mit dem Sultan zu messen.

Am 30. August, nachdem der Sultan noch die Nachricht von der
Einnahme Oedenburgs erhalten hatte, wohin von Wien aus Truppen
zur Beunruhigung des türkischen Lagers geschickt worden waren,
empfieng er die Glückwünsche seiner Würdenträger und zog am 31.
nach Eisenstadt, das bereits von seinen Truppen besetzt war. Von hier
aus wurden die Gesandten Ferdinand's mit einem Schreiben Ibrahim's
entlassen, worin er die Absicht des Sultans bekannt gibt, den Rückzug anzutreten, weil dieser den so eifrig gesuchten Kaiser Karl V.
nicht gefunden habe. Die Gesandten wurden durch 500 Reiter
gegen Bruck an der Leitha geleitet; gegen Wien weiter reitend, sahen
sie dann die in ihren Rücken gelegenen Orte in Flammen aufgehen.

Unwillkürlich stellt man die Frage, weshalb Suleiman an der
kleinen, kaum gerüsteten Stadt Güns nicht vorüberzog, und ob sie beobachten zu lassen, nicht vollkommen genügt hätte?

Dass die Donauflotille, welche die schweren Geschütze gegen Wien
bringen sollte, erst bis Gran gelangt und dort aufgehalten worden war,
konnte dem Sultan bei seinem Eintreffen vor Güns wohl bekannt sein.
Bevor das türkische Heer die schweren Geschütze an sich gezogen hatte, konnte aber an eine Belagerung der Stadt Wien nicht
gedacht werden. Es lag daher nahe, noch vor dem Weitermarsche
durch die Eroberung von Güns einen allem Anschein nach leichten

Erfolg zu erringen. Durch den unerwarteten Widerstand, welchen die
kleine Stadt Güns leistete, gieng aber Zeit verloren und die Witterungs-
verhältnisse konnten bei längerem Zögern dem türkischen Heere ebenso
verderblich werden, wie vor drei Jahren: endlich kamen die Nachrichten über die Heeresmassen, welche sich zum Theile um Wien
bereits gesammelt hatten und noch erwartet wurden. Es waren dies
wohl Gründe genug, um das Aufgeben des gegen Wien gerichteten
Zuges begreiflich zu finden. Um aber den Rückzug vor Einnahme der
Stadt Güns, deren Widerstandsfähigkeit sowohl von Ibrahim wie vom
Sultan überschätzt worden sein dürfte, nicht als einen erlittenen Miss-
erfolg erscheinen zu lassen, begnügte man sich auch mit der schein-
baren Uebergabe dieser kleinen, so tapfer vertheidigten Stadt, um dadurch in den Augen der Türken alle durch ihre Geschichtsschreiber
für diesen Rückzug später geltend gemachten prahlerischen Schein-
gründe glaublich erscheinen zu lassen.[12])

Um den Rückzug durch die von den Türken bereits aus-
gesogenen Landstriche des südwestlichen Ungarns zu vermeiden, wohl
auch um die Länder des Kaisers möglichst zu schädigen, vielleicht
auch in der Hoffnung, durch die Wegnahme der zur Vertheidigung
kaum vorbereiteten blühenden Stadt Graz noch einen leichten
Erfolg erringen zu können, entschloss sich der Sultan, den Weg
durch die vom Kriege bisher verschont gebliebene Steiermark einzu-
schlagen.

Von Eisenstadt wandte sich der Sultan gegen Wiener-Neustadt,
wo Michael Lamberg alle Vorbereitungen zu einer hartnäckigen Vertheidigung getroffen hatte, berührte jedoch diese Stadt nicht, sondern
zog auf die Nachricht einer zur Kundschaft über Gloggnitz gegen
Schottwien entsendeten Türkenschar, dass die Strasse über den
Semmering durch eine Befestigung bei der Burg Klamm abgesperrt
wäre, mit dem Gros seines Heeres nach Süden, durch das Pittenthal.[13] .

[12]) Das lange Zögern des türkischen Heeres vor Güns gab Anlass zu dem wohl
nicht glaublichen Gerüchte, dass Kaiser Karl V. den Grossvezier bestochen habe, um
den Sultan vom Zuge gegen Wien abzuhalten.

[13]) Da die Angaben über den Zug des türkischen Heeres durch das Pittenthal
wenig verlässlich sind, lag es nahe, zu bezweifeln, ob selbes diesen Weg auch eingeschlagen habe? Die Verbindungswege von Güns gegen Steiermark waren bis in
die neueste Zeit nur Feld- und Waldwege, daher für die Heeresmasse wohl wenig
geeignet. Nachdem aber erwiesen ist, dass der Sultan an Wiener-Neustadt vorüberzog, und am 5. September in Dechantkirchen angelangt war, so ist wohl anzunehmen, dass die Angabe Herberstein's (Anmerkung 20) richtig ist, und das Gros des

In Wien wurde zwar seit 1529 mit Eifer an der Umgestaltung der Festungswerke nach neuerem System gearbeitet, der beständige Geldmangel machte jedoch die energische Durchführung der begonnenen Arbeiten in so kurzer Zeit unmöglich.[14] Einem erneuten Angriff der Türken, wie vor drei Jahren, hätte die Stadt nun ohne ergiebige Hilfe von aussen kaum zu widerstehen vermocht. Um die Türken an der Ostgrenze des deutschen Reiches aufzuhalten, musste man ihnen ein starkes, wohlgerüstetes Heer in offenem Felde entgegenstellen können.

Schon Ende Mai 1532 hatte der Reichstag zu Regensburg, zwar nicht wie Kaiser Karl V. wollte, 60.000 Mann,[15] aber doch 40.000 bewilligt, welche bis 15. August unter Führung des Pfalzgrafen Friedrich, Herzog in Baiern, bei Wien versammelt sein und vorläufig am linken Ufer der Donau, auf dem Wolfsfelde, d. i. zwischen der Brücke über den nördlichen Arm der Donau bis gegen Korneuburg, ein Lager beziehen sollten. Der Kaiser selbst hatte die Sendung von 40.000 Mann — Italiener, Spanier und deutsche Landsknechte — in Aussicht gestellt und den Ankauf von schweren Geschützen in Nürnberg angeordnet. Der Papst hatte seinen Neffen, den Cardinal Hippolyt von Medici, mit 100.000 Goldgulden zur Anwerbung ungarischer Truppen nach Deutschland gesandt.[16] Böhmen und die übrigen Länder Ferdinand's hatten hohe Steuern bewilligt und die Beistellung von Truppen in reichlichem Masse zugesagt. Doch war die Ausführung aller dieser Massregeln wieder eine so lässige, dass die Erwartung des Kaisers, gegen Ende August schon ein Heer von mehr als 85.000 Mann in und

---

türkischen Heeres durch das Pittener Thal abzog, was übrigens nicht ausschliesst, dass kleinere Abtheilungen desselben auch auf anderen Wegen Steiermark erreicht haben können.

[14] Im Jahre 1532 war in Wien der Bau von drei Bastionen: Burg-, Löbl- und Schottenbastei beinahe vollendet, und letztere wieder eingestürzt. Eine Aenderung der übrigen Theile der Umfassung nach neuerem System war zu Ende des XVI. Jahrhunderts noch nicht fertiggestellt (Camesina, Beiträge zur Geschichte Wiens im XVI. Jahrhundert).

[15] Die auf dem Reichstage zu Regensburg von Kaiser Karl V. angeforderte Kriegsmacht betrug 90.000 Mann auf sieben Monate, und zwar: »10.000 gerüste, und 20.000 leichte Pferde, 18.000 gute Schützen, Spanier, sollten aus Italien herausgezogen werden. 32.000 lange Spieß, 10.000 kurze Wehr«, dazu sollten noch kommen: »2000 Quastatoren zum Geschütz, überdies 50.000 Reißige Haufen zum Fussvolk; von den Eidgenossen 2 bis 3 tausend Kriegsknechte und 5 bis 6 tausend auf Kosten des allgemeinen Fonds« (k. u. k. Kriegs-Archiv, Fasc. 9, Nr. 5).

[16] Der päpstliche Legat brachte auch italienische Officiere mit und überreichte den beiden Ungarn, Valentin Török und Paul Bakić, Fahnen mit dem Bilde des Erlösers (Buchholz, IV. 109).

um Wien versammelt zu sehen, nicht erfüllt wurde.[17]) Zur Zeit, als die Türken schon an der österreichischen Grenze standen, war ein grosser Theil der Truppen noch sehr weit von Wien entfernt. Obwohl der hohe Wasserstand der Donau den Transport der Truppen sehr förderte, waren Anfangs September von den Reichstruppen erst 22.000 Mann in Wiens Umgebung.[18]) und die Truppen des Kaisers dürften kaum früher angelangt sein.[19])

Als die Nachricht vom Abzuge des Sultans von Güns in Wien eintraf, wurden von den daselbst stehenden Truppen unter dem Oberbefehl Johann Katzianer's 2200 deutsche Reiter unter Montfort und Losenstein, sowie eine Anzahl leichter Reiter unter Bakič zur Beobachtung des Feindes entsendet. Als Katzianer am 8. September in Wiener-Neustadt eintraf, hörte er, dass das türkische Heer schon vor einigen Tagen an dieser Stadt vorbeigezogen wäre, ohne sie zu berühren, dann aber den Weg durch das Pittenthal und über den Wechsel gegen Graz eingeschlagen habe.[20]) Auf den Rath des Bakič zog nun Katzianer nicht dem Feinde unmittelbar nach, sondern schlug den weniger beschwerlichen und deshalb näheren Weg über den Semmering nach Steiermark ein, wohl in der Hoffnung, die nur schwach besetzte Stadt Graz noch vor dem Eintreffen der Türken erreichen zu können.

Der Sultan, welcher durch das Pittenthal und über den Wechsel gezogen war, langte am 5. September bei Dechantkirchen an. Von seitwärts streifenden Horden traf eine am 7. vor Kirchberg an, wo die Besatzung die Uebergabe des Schlosses verweigerte; eine zweite Horde beschoss das am Südabhange des Wechsel gelegene Schloss Festenberg. Am 6. langte der Sultan vor Grafendorf an, wo die Bewohner sich in die Kirche geflüchtet hatten; die Türken legten an den Thüren Feuer an und erstickten die Unglücklichen. Ueber Hartberg traf der Sultan am 9. bei Maierhöfing (Höfing an der Feistritz?) an und zog über Pichelsdorf (am 10.) und Gleisdorf gegen Graz, vor welcher Stadt die ersten Haufen der Türken am 11. eintrafen.

— · —

[17]) Schreiben des Kaisers an die Königin Maria vom 13. August 1532 (Lang, Correspondenz Karl V., II, 3).

[18]) Nach dem Briefe eines Hauptmannes aus Augsburg (Göbl, 315).

[19]) Am 14. August waren die aus Italien kommenden Truppen des Kaisers — Spanier und Italiener — erst in Brixen, wo sie die Vorstadt Stulfs niederbrannten.

[20]) Nach Herberstein's Tagebuch bei Rosnak, S. 56, Herberstein sagt: »Ueber den Hartberg«, worunter wohl der Wechsel gemeint sein wird.

In Folge heftiger Regengüsse und schlechter Wege hatten die
Türken in dem gebirgigen Lande arg zu leiden; sie hielten sich daher
auch nicht lange auf und zogen oft selbst an schwach befestigten
Orten, ja sogar an Kirchen, hinter deren Umfriedungsmauern die Bewohner Schutz gesucht hatten, vorbei, ohne sie anzugreifen. An
manchen Orten fanden sie auch ernsten Widerstand; so brachten
Bauern am 9. September 46 Pferde nach Graz, welche sie am Tage
zuvor den Türken bei einem Ueberfalle abgenommen hatten, und bei
Gleisdorf überfiel ein Herr von Polkau (oder Petowa) eine lagernde
Türkenschar im Schlafe, musste aber bald der Uebermacht weichen
und wurde mit mehreren seiner Leute gefangen und enthauptet.[21] Un-
säglich hatte aber das Land zu leiden, wo Raub, Mord und Brand
weit und breit längs der Heerstrasse den Zug der Türken kenntlich
machte.

Während der Sultan in Gleisdorf verblieb, wo die Häuser zwar
niedergebrannt wurden, die Bewohner aber in dem zur Vertheidigung
eingerichteten Tabor Schutz fanden,[22] begann am Morgen des 12. Sep-
tember der Zug der Türken an Graz vorüber. Da dichter Nebel die
Aussicht verwehrte, wurde erst nach dem Aufsteigen desselben von den
Mauern der Stadt aus und vom Schlossberge ein nicht unwirksames
Feuer auf den vorüberziehenden Feind eröffnet, das nur mit geringem
Erfolge erwidert wurde.[23] Ein Ausfall konnte bei dem Mangel an

---

[21] Hammer II, 93, sagt: »Sowohl das Tagebuch des Sultans als die Reichs-
geschichte bekennen einen harten Kampf mit den Ungläubigen, in welchem 400 derselben blieben und viele mit ihrem Anführer gefangen wurden.«

[22] Ein Brief des Vicedoms zu Graz an den Lamberg'schen Vicedom in Wolfs-
berg vom 14. September (Kriegsarchiv, Fasc. 9, Nr. 2) sagt: »aber der Khaiser ist zu
Gleisdoff Uiben, sich um den taber der kirchen mit sein Jantscharen haftig angenommen, also haben die Gleisdorffer ire Heuser, so den taber nachent gelegen, selbst
anzunt und verprent, dadurch den taber erhalten, aber was unterblieben ist dieselben
Heuser haben die Türkhen verprent.«

[23] Derselbe Brief sagt weiter: » . . . und am Mitichen frue als der tag an-
prochen haben sy angefangen zu ziehen gar vor die Stat, hie ist ein dicker großer
nebl gewest, das man sy weder vom gsloss noch von der Stat nit wol sehen hat
mugen, aber mit großem geschray zogen sy, auch etlich Heusor nachent herzu gelegen
sein, und Philippen Trautmanstorfer hat die tur aufgehakht, und die tisch, penk und
khasten zerslagen und zerbrochen, das Riedtscheidhoff was hewser und Stadl bis an
den Tiergarten gewest in den nebl verbrennt und also ir zug gewest den ganzen Tag
bis in die Nacht, und alspalt sich der nebl aufgeschungen, hat man ab alle pasteyen
auch ab dem gsloss weidlich je inen geschossen inen grossen schaden getan, damit
sich der heuffen hindan than und irn zug von der Strassen über ein perg den vogl-
puchl (Ruckerlberg?) sein gezogen für sand Peter auf Ternitz und Gfattersdorf
(Liebenau?) und aus dem Gsloss hat man mit den Slangen noch zu innen gericht,

wehrhaften Leuten. die zumeist nach Wien gezogen waren, nicht
unternommen werden. Der Zug der Türken an der Stadt vorüber
währte den ganzen Tag hindurch. und als gegen Abend der Sultan
selbst sich nahte. liess er unter Paukenschall durch die Janitscharen
einige Gewehrsalven gegen die Mauern der Stadt abgeben. Nachts
lagerte der Sultan in Harmsdorf, und setzte nach Niederbrennung der
Murvorstadt und der umliegenden Orte am Morgen des 13. September
den Marsch fort.[21]

Nach dem Abzuge der Türken, am Morgen des 13., nach einem
beschwerlichen Marsche. traf auch Katzianer in Graz ein. Wegen Ermüdung der Pferde konnte die Verfolgung des Feindes mit den
schweren Reitern nicht gleich aufgenommen werden, doch eilte er am
folgenden Tage mit den wehrfähigen Bürgern aus Graz und einigen
Reitern den Türken nach, welche schon seit dem vorigen Tag bei
Fernitz die Mur mit den nothdürftigsten Mitteln, sogar schwimmend.
zu übersetzen im Begriffe waren, und soll ihrer Nachhut erhebliche
Verluste beigebracht haben.[22] Mit einiger Beute und vielen Gefangenen

haben sie aber mit den Heuffen darin der Khayser zogen ist seer hinden gerukht, als
der Khayser solbst ankumb, ist es wol vast spat gowest; hat er auf dem pergleiu
soine janitscharen ire hanntror all auff einander abgeschiessen auch darnuf die hör-
pauken slahn und pfeiffen lusseu und sich bei ein Derll nachent hie haist Harmsdorff
gelegert und etlich furyr machen und pfeiffen und tanzen lassen, aber es dann mitte
nacht gowest hat er sich in ain ander Dorff darin Jostl und vischmaister ain hoff und
edelmannsitz gehabt gelegert, aber sein letzt damit abprennen gelassen denselben Hoff
auch das Dorff und alle Dörffer und ander edlleutsitz all abprennt, und am mittichen
frue sant den Tag haben sie im nebl zu nachts bei der stat ain furt troffen durch die
Muer der Vorstadt mit irem grossen hauffen zuetrogen der selb feuern welln. Ist
aber von den pasteyen mit den geschütz auch zu den schrenkhen erret worden, und
am phinztag abends ist der Turk ober die Muer zogen in ein Dorff heust Qualstorff
(Kalsdorf) sich gelegert . . .«

[21] Osmanische Geschichtschreiber melden, wie bei Güns, die Einnahme der
Stadt, »deren Gärten und Weinberge dem Paradiese gleichen, und deren Häuser und
Gebäude der Aufenthalt der Gemüssigten und Reichen«. Dass der Sultan den Versuch
gemacht habe, in die Stadt einzudringen, ist wohl möglich, Suleiman's Tagebuch ent-
hält jedoch kein Wort, welches daranf hinweist, dass Graz erobert worden wäre oder
sich ergeben hätte. Die Sage geht, dass ein Türke bis an den Fuss des Schloss-
berges gelangt wäre. Zur Erinnerung daran soll der Türkenkopf am alten Stadtthor
angebracht worden sein.

[22] Die Nachrichten über die Ereignisse bei Graz scheinen nicht ganz verlässlich. Katzianer war mit seinen Reitern, denen er zwei Tage Ruhe gönnen musste,
am 18. September schon wieder nach Oesterreich zurückgekehrt. Im Briefe des Vicedoms heisst es: . . . »truz fürsorg Catzianer werde sy nimer erraichen mugen, denn
er ist mit allen Volks hin. Was weiter sein Fürnehm ist, wais ich nit«, erwähnt aber
später: »Es hat Cutzianer noch gestern bis in die xvj phärt und viij Fuessknecht

kehrte er nach Graz zurück, um auf dem Wege, welchen der Sultan hergezogen war, nach Oesterreich aufzubrechen, wo er noch Gelegenheit fand, den zurückkehrenden Scharen Kasimbeg's den Einbruch nach Steiermark zu verwehren.[26]

Schon am 13. September lagerte der Sultan auf dem Leibnitzer Felde, wo aus dem Sulm- und Saggau-Thale reichliche Vorräthe zugebracht wurden. Der Markt Leibnitz wurde geplündert, die Bewohner, welche in einer Kirche mit ihrer Habe Zuflucht gesucht hatten, nach dem Einreissen derselben theils gefangen, theils gemordet. Um vom Murthal in das Drauthal zu gelangen, musste auf beschwerlichem Wege das Posruck-Gebirge übersetzt werden. St. Egyd und die anderen an der Strasse gelegenen Orte wurden niedergebrannt und die Burg bei Witschein erstürmt.

Schon am 15. September langten mehrere Haufen Türken vor Marburg an; einer derselben begann sogleich die Stadt, welche man der Draubrücke halber zu gewinnen suchte, zu bestürmen, während ein anderer auf einer Furt unterhalb der Stadt die Drau übersetzte und sich über das Draufeld ergoss. Am 17. langte der Sultan selbst vor der Stadt an, die vom Richter Willenrainer vertheidigt wurde.[27] Nachdem die Versuche, die Stadt zu nehmen, missglückt waren, wurde unter des Grossveziers Aufsicht oberhalb der Stadt, bei Lembach, mit Zuhilfenahme der Schiffmühlen der Umgebung, eine Brücke geschlagen. Erst am 21. September konnte der Uebergang des Heeres über den Fluss beendet werden. In Folge der Nachricht, der Feind greife die Nachhut an, entstand auf der Brücke eine Panik, welche grosse Verluste an Mannschaft und Gepäck zur Folge hatte.

die Türkhen nachgeschikht inen etwas abzubrechen, sinn noch nit widerkomen, verhoff Sy werden in vil abprechen mugen.« Es dürfte daher der Erfolg dieses Ausfalles nicht so nachhaltig gewesen sein, wie ihn Voigt nach Herberstein schildert, wonach 8000 Türken, darunter zwei Sandschakbegs aus Anatoli, dem Schwerte erlegen sein sollen.

[26]) Der Brief des Vicedoms ist vom 14. September datiert und scheint auch nicht ganz verlässlich. Er führt an, dass Katzianer's Zurückberufung in Graz bereits bekannt ist, erwähnt aber auch, dass die Türken bereits auf dem Leibnitzer Felde lagerten.

[27]) Irrigerweise wird gewöhnlich Sigmund Weichselberger, der Gefährte Hobordansky's bei der Botschaft an den Sultan im Jahre 1528, als Vertheidiger Marburgs genannt, während anzunehmen ist, dass dieser, der in gleichzeitigen Documenten nicht genannt wird, wahrscheinlich bei Katzianer's Truppen in Niederösterreich stand (Steinwenter, »Suleiman vor Marburg«, s. U). Voigt, »Der Freiherr Hans Katzianer«, führt auch irrthümlich ein Gefecht an, das Friedrich von Brandenburg bei Marburg bestanden haben soll; dieser befand sich zur Zeit jedoch bei den Truppen des Pfalzgrafen vor Wien.

Während des Aufenthaltes bei Marburg und auf dem Pettauer Felde wurden die Schlösser Lembach und Burg Schleinitz erobert, und nebst vielen anderen Orten und Schlössern gieng auch Gonobitz, St. Oswald und Obdach in Flammen auf. Vor der Burg Pfaffenstein wurden die Türken zurückgewiesen. [28]) Türkische Horden durchstreiften die Gegend bis Neuhaus und Cilli, einige gelangten sogar bis St. Leonhard im Lavantthale und von da über die Wildalpe nach Hüttenberg, wo sie vom Landeshauptmann Veit Welzer angegriffen und zerstreut wurden. [29]) Nach dem Uebergange über die Drau wurde Ibrahim für seine unermüdliche Thätigkeit abermals vom Sultan reich beschenkt. Am 26. September wurde die Brücke oberhalb Marburg durch Nachzügler in Brand gesteckt.

Das türkische Heer zog nun am rechten Ufer der Drau auf ungebahnten Wegen und unter fortwährenden Regengüssen über das Kalusgebirge nach Viniza in Croatien und setzte den Weg über Warasdin fort. Daselbst tödtete eine Kugel aus dem Schlosse Rassina einen Bruder des Defterdar Schaaban, worauf die Stadt unter allgemeinem Gemetzel der Einwohner niedergebrannt wurde. [30]) Hier trennte sich das Heer; der Sultan zog mit den Janitscharen und den Sipahis in der Drauebene weiter, über Capronza (Koprainiza) und Voröcze nach Posega, das er einnahm und niederbrannte, während Ibrahim mit dem Nachtrab des Heeres über Kreuz, Gudovez und Chasma der Save zuzog, um sich bei Belgrad wieder mit dem Sultan zu vereinigen. [31]) Die unweit Essegg gelegenen Schlösser Podgarnes und Nassiez sandten ihre Thorschlüssel als Zeichen der Unterwerfung; Suleiman verlieh sie mit ihrem Gebiete dem Grossvezier als Lehen zur Belohnung des glücklich beendeten Raubzuges. Gegen 30.000 Sclaven schleppte das türkische Heer aus Steiermark, Ungarn und Croatien mit sich. Jenseits des Flusses Bossut — einem kleinen Wasser, das sich von Vinkovce gegen die Save wendet — wurde der Sclavenraub eingestellt, weil hier das Gebiet des Sultans begann. [32])

[28]) Wichner, »Geschichte des Benedictinerstiftes Admont«.

[29]) Archiv für Geschichte, Statistik etc. Jahrgang 1827, S. 231.

[30]) Istuanfy, Lib. LXI, S. 184.

[31]) Hammer, II, S. 94, führt an: Ibrahim habe von Lugovich (Ludbreg) aus einen Gefangenen, namens Andreas Stadler, mit einem italienischen Brief an König Ferdinand geschickt, in welchem er den Rückzug mit der lächerlichen Grossaprecherei beschönigen will, dass der Kaiser nirgends zu finden gewesen sei, und mit den Worten, »dass die Länder des Kaisers wie seine Weiber seien, indem er weder in den einen noch bei den anderen zu finden wäre«.

[32]) Hammer. II, S. 95, nach den türkischen Geschichtsquellen von Dscholaksade und Petschewi, und nach Suleiman's Tagebuch.

Am 12. October hielt der Sultan. nachdem er wieder mit dem Grossvezier zusammengetroffen war, seinen Einzug in Belgrad. Von hier aus wurde ein Siegesschreiben an den Dogen von Venedig geschickt, in welchem der Abzug des Sultans wieder mit den schimpflichsten Schmähungen gegen den Kaiser zu verdecken gesucht wurde. In Constantinopel langte der Sultan am 18. November an, wo fünf Tage hindurch ein Siegesfest gefeiert wurde. Bei den osmanischen Geschichtsschreibern wird der Zug Suleiman's im Jahre 1532 als »der alemanische Krieg wider den König von Spanien« angeführt.

Siebentes Capitel.

Die Akindschi unter Kasimbeg überschwemmen Niederösterreich bis an die Enns. — Sie treten den Rückzug an und werden bei Leobersdorf von den bei Wien gesammelten Truppen angegriffen und vernichtet. — Die türkische Flotille bei Gran aufgehalten. — Krainer fallen in Bosnien ein. — 1532.

Schon vor dem Eintreffen des Sultans bei Güns war Kasimbeg mit 16.000 Mann, meist Reiterei, in mehrere Haufen getheilt, an Wiener-Neustadt vorüber [1]) in Niederösterreich eingebrochen. Der Nähe von Wien, wo sich bereits Truppen gesammelt hatten, ausweichend, breiteten sich die »Renner und Brenner« (vom Volke allgemein »der Sackmann« genannt), wie vor drei Jahren, mordend und brennend über das offene Land aus, und gelangten in kürzester Frist durch den Wienerwald und über das Traisenthal bis an das Ufer der Donau bei Amstetten.

Dass die zur Zeit in und um Wien zum Theile schon angesammelten Truppen den Horden Kasimbeg's während ihres Vormarsches gar nicht entgegentraten, mag wohl dadurch eine Erklärung, vielleicht auch eine Entschuldigung finden, dass man die verfügbaren, ohnehin noch schwachen Kräfte nicht zersplittern, sondern für den demnächst bei Wien zu erwartenden Kampf mit dem Hauptheere der Türken zusammenhalten wollte. Es bedurfte auch später noch eines Schreibens des Königs Ferdinand an den Pfalzgrafen Friedrich, um die bis gegen Linz streifenden Horden nicht ungestraft entrinnen zu lassen.

---

[1]) Nach Buchholz, IV, S. 12, hätte der Befehlshaber von Wiener-Neustadt, Ludwig Cowe, mit 5000 Mann einen Ausfall gegen Kasimbeg's Scharen unternommen und wäre mit grossem Verluste zurückgeworfen worden; ob beim Eindringen oder beim Rückzug wird nicht erwähnt. Auch ist keine Quelle angegeben, auf welche sich diese Angabe stützt. Wenn ein Ausfall auch stattgefunden hat, so dürfte er ohne Bedeutung gewesen sein.

Schon am 9. September traf die weitest vorgerückte Schar der Türken an der Enns ein. Von der Stadt Steyr aus sah man die umliegenden Dörfer brennen; einige Bürger der Stadt im Verein mit 40 kärntnerischen Reitern glaubten mit leichter Mühe die räuberischen Scharen vertreiben zu können und unternahmen einen Ausfall, sahen sich aber bald einer solchen Zahl von Feinden gegenüber, dass sie nur zur Noth noch in dem Kloster Seitenstetten Zuflucht finden konnten, von wo sie erst nach einigen Tagen zurückkehrten. Der niedrige Wasserstand der Enns machte es 500 türkischen Reitern möglich, bei Ernsthofen den Fluss zu übersetzen; andere, die ihnen nachfolgten, breiteten sich in der Gegend aus und drangen mordend und brennend über Stadelkirchen. Dietach, Wolfern und Gleink, gegen Steyer vor. Bei 2000 Menschen wurden in der Umgebung ermordet oder in die Gefangenschaft geführt; sie würden Leben und Freiheit wohl gerettet haben, wenn sie sich der früher bekannt gemachten Defensivordnung gefügt und rechtzeitig die angewiesenen Zufluchtsorte aufgesucht hätten. Um Schlösser oder auch nur mit Mauern umgebene Orte einzunehmen, fehlte es den schwärmenden Horden an Belagerungsmitteln und wohl auch an Zeit. So wurde das Schloss Losensteinleiten nur von einem Manne — einem Jäger und guten Schützen, der über mehrere Gewehre zu verfügen hatte — vertheidigt; die Türken zogen ab, nachdem er einen ihrer Führer niedergestreckt hatte.

Als Hans Ungnad an der Spitze von 1000 geharnischten Reitern aus Steiermark auf dem Zuge nach Linz, wo König Ferdinand mit seiner Familie weilte, in der Stadt Steyr anlangte, forderten ihn die Bürger dringend auf, in Gemeinschaft mit ihnen die eben im Anzuge befindlichen Türken anzugreifen und zu vertreiben. Ungnad ritt mit zehn Pferden auf Kundschaft vor die Stadt, kehrte aber, als er überall Feuer aufgehen sah, sofort wieder zurück, um zu berathen, was weiter zu thun wäre. Als hierauf Ferdinand's Thürhüter Zedlitz in die Stadt einritt, und im Namen des Königs den schleunigen Aufbruch Ungnad's verlangte, da man in Linz schon das Sengen und Brennen des Feindes wahrgenommen hatte, liess er sich nicht mehr zurückhalten und setzte mit seiner schon bereitstehenden Truppe den Marsch fort. Auf dem Wege nach Linz, bei Gleink angelangt, sah man einige Tausend Türken bereits vereint: das Erscheinen der geschlossenen Reiterschar allein reichte aber hin, die eben mit der Plünderung der Kirche zu Dietach begriffenen Türken mit Zurücklassung der Beute über die Enns zurückzutreiben. Die Bürger von Steyr machten es zwar Ungnad

7*

zum Vorwurf, dass er ihrer Aufforderung nicht entsprach; was sie aber beabsichtigten, war nun doch erreicht, denn die Türken waren erschreckt geflohen.[2])

Ein Theil der bei Stadt Steyr abgewiesenen Schar, zu der vielleicht das Gerücht vom Rückzuge der Türken gedrungen sein konnte, zog wohl mit der Absicht, sich dem Hauptheere anzuschliessen, im Ennsthal aufwärts über Weyer, das niedergebrannt wurde, bis gegen Altenmarkt. Am Pfaffensteg und Sattelhag trat den Türken der Landsturm der Herrschaft Gallenstein entgegen und wies sie blutig zurück.[3]) Einzelne Reiter gelangten bis in das Salzathal, wo sie aber durch Verhaue aufgehalten und durch die ergrimmten Bauern niedergemacht wurden.

Eine andere Schar der Türken — die grösste unter Kasimbeg's Führung — gieng von Amstetten über Biberach nach Waidhofen, wo sie am 8. September anlangte. Ohne sich lange aufzuhalten, zogen die Türken nun an der mit Mauern umgebenen Stadt vorüber nach Ipsitz, das in Flammen aufgieng. Am 9. unternahmen die Bürger von Waidhofen im Verein mit den daselbst angesammelten Schmiedmeistern der Umgebung und mit deren Gesellen einen Ausfall gegen die die Stadt neuerdings bedrohenden Scharen, welche selbe mit einem Regen von brennenden Pfeilen überschütteten und die Vorstadt Krauthofen in Brand gesteckt hatten, während der bischöfliche Pfleger Willibald von Pirching mit den gesammelten Holzknechten den Türken in den Rücken fiel.[4]) Gegen 400 gefangene Christen wurden befreit, 200 Türken blieben auf dem Platze und bei 300 Pferde wurden erbeutet.

Kasimbeg scheint bis dahin von den Bewegungen des türkischen Heeres keine Kenntnis gehabt und hier erst durch Gerüchte in Erfahrung gebracht zu haben, dass der Sultan auf die Belagerung von Wien verzichtet und den Rückzug angetreten habe. Als er nun selbst den Entschluss zum Rückzug fasste, liess er einen Theil seiner Gefangenen, welche ihn in seiner Bewegung hinderten (übertrieben wird wohl die Zahl von 4000 angegeben), niedermachen, und theilte seine Scharen in zwei Abtheilungen, von welchen die kleinere, von Ferisbeg geführt, in den Nächten durch die Wälder und über die Gebirge sich Bahn brechend, nach Ungarn entkommen sein soll, während Kasimbeg

[2]) Kurz, »Geschichte der Landwehr in Oesterreich ob der Enns«.

[3]) Wichner, »Geschichte des Stiftes Admont«, S. 106.

[4]) Gottfried Fries, »Geschichte der Stadt Waidhofen an der Ips«, im Jahrbuch für Landeskunde von Niederösterreich, I. Jahrgang, S. 32.

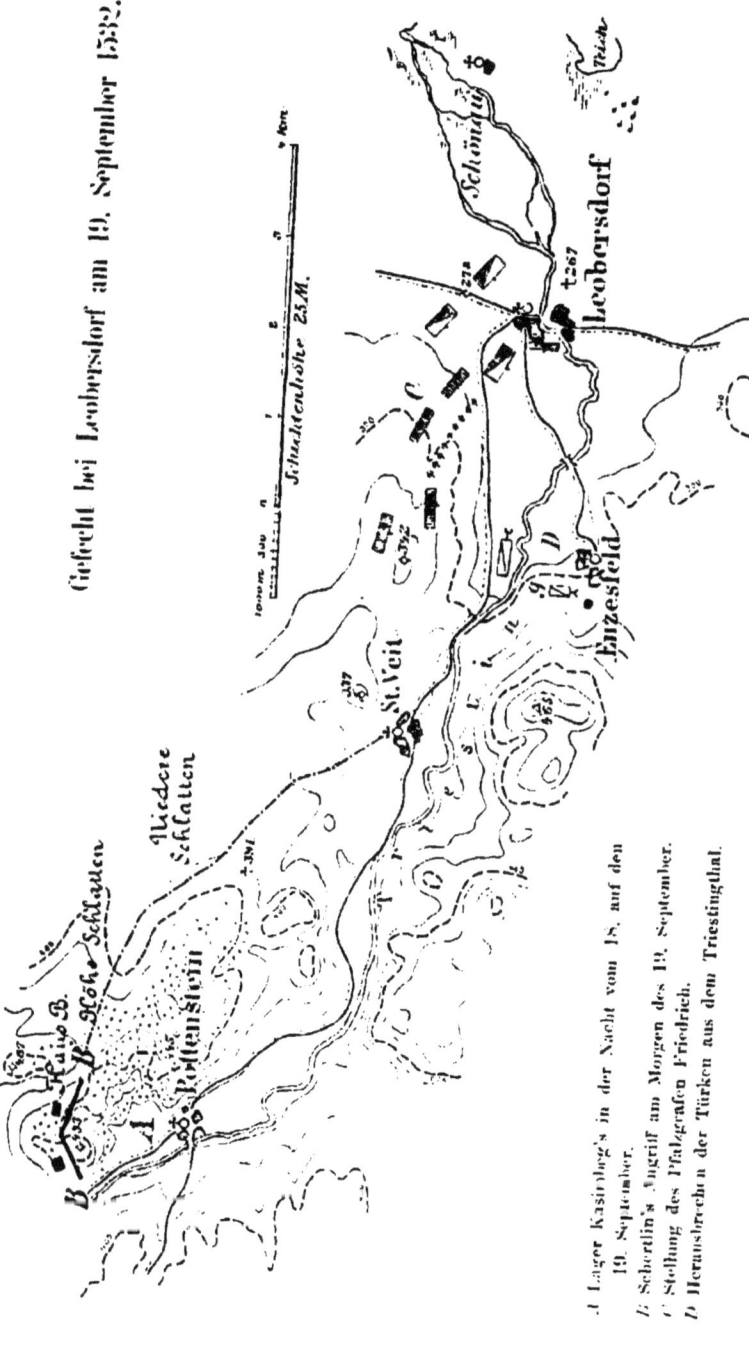

Gefecht bei Leobersdorf am 19. September 1532.

A Lager Kasimbog's in der Nacht vom 18. auf den 19. September.
B Scherdin's Angriff am Morgen des 19. September.
C Stellung des Pfalzgrafen Friedrich.
D Herausbrechen der Türken aus dem Triestingthal.

selbst — dem Donauthale (wo sich bereits Truppen gesammelt hatten)
ausweichend — nördlich des Hochgebirges die ungarische Grenze zu
erreichen suchte oder nach Steiermark durchbrechen wollte.
Die Türken berührten im Rückzuge Gaming, wo der Pfarrer
enthauptet wurde. An Lilienfeld, Hainfeld und Altenmarkt zogen sie
ohne Aufenthalt vorbei und gelangten in das Triestingthal, wo Kasimbeg am Morgen des 18. September bei Pottenstein ein Lager bezog.[5]
Die zur Vertheidigung Wiens aufgebotenen Truppen lagerten
bisher unthätig in der Wolfsau (Brigittenau) und am linken Ufer der
Donau gegen Korneuburg. Katzianer war mit österreichischen Truppen
schon am 6. oder 7. September über den Semmering gegangen, um
dem Sultan in Steiermark zu folgen. Bei Baden stand Christoph Rauber,
der Bischof von Laibach, mit einigen tausend Mann. Auf die Meldungen
des letzeren vom 10. und 12., dass bei 10.000 Türken im Wienerwalde versteckt wären und bei Neustadt oder Baden herausbrechen
dürften,[6] verlegte der Pfalzgraf sein Hauptquartier nach Laxenburg
und bezog endlich am 16. September, als die Kundschaftsnachrichten
darauf hinwiesen, dass insbesonders das Triestingthal ins Auge zu
fassen sei, ein Lager am Eingange dieses Thales vor Leobersdorf. Am
18. morgens empfieng der Pfalzgraf die gewisse Nachricht, »dass der
Feind mit grosser Macht, die man nit wol überschlagen kann, mit viel
Vieh und gefangenen Christen liege in seinem Lager beim Markte
Pottenstein und sei im Begriffe von dort aufzubrechen«.[7] Zugleich
kam die Nachricht, dass dem im Triestingthale stehenden Feinde der
Weg nach Steiermark sowohl zurück über Hainfeld gegen Mariazell,
als auch über Piesting und Gutenstein gegen das Höllenthal durch
Verhaue unwegsam gemacht, daher dessen Vorbrechen in die Neu-
städter Ebene zu erwarten wäre.

Pfalzgraf Friedrich beorderte nun den 18. September gegen Abend
den Hauptmann des von der Reichsstadt Augsburg gestellten Contin-
gentes, Sebastian Schertlin von Burtenbach, einen bewährten Kriegs-
mann,[8] mit 300 Hakenschützen, welchen sich unterwegs noch das

[5] Buchholz, »Geschichte Ferdinand I.«, S. 113. und »Urkundenband«, S. 57.

[6] Die widersprechenden Gerüchte über den Aufenthalt des Feindes dürften
theilweise ihren Grund darin haben, dass man, ohne es zu wissen, bald über die Schar
Ferisbeg's, bald über jene Kasimbeg's berichtete (Becker, »Eine Kriegsepisode aus dem
Jahre 1532«, in den Blättern des Vereines für Landeskunde von Niederösterreich,
Jahrgang 1884, S. 252).

[7] Becker, S. 253.

[8] Schertlin oder Schertl von Burtenbach hatte schon in der Schlacht bei
Pavia 1525 und bei der Einnahme von Rom 1527 Proben seines Muthes und seiner

Fähnlein des Hauptmannes Oberstein anzuschliessen hatte, dem Feinde in den Rücken zu fallen. Unter Führung des ortskundigen Marktrichters von Leopoldsdorf gelangte Schertlin bei St. Veit von der Strasse nach rechts abbiegend, am 19. noch vor Tagesanbruch über den Hohen Schlatten auf den hinter Pottenstein gelegenen dicht bewaldeten Hausberg. Als seine Truppen hier auf die feindlichen Vorposten stiessen, wurde ein Türke gefangen, der aussagte, dass im Thale bei 10.000 Türken wären und nicht wüssten, wo hinaus. Von einer Waldblösse konnte man auch die feindlichen Lagerfeuer im Thale wahrnehmen. Schertlin fertigte noch einen Boten an den Pfalzgrafen ab mit der Meldung, »er sei hinter dem Feinde, gedenke den Bären aus dem Loch zu treiben, und werde mit Gottes Hilfe bei Anbruch des Tages zum Angriff schreiten«.

Schertlin's Absicht wurde durch den Eifer einiger Schützen vereitelt, die auf feindliche Vorposten stiessen und vorschnell Feuer gaben. An einen Ueberfall konnte nicht mehr gedacht werden, weil hiedurch das feindliche Lager alarmiert worden war. Da aber zu erwarten stand, dass der Feind vor Tagesanbruch nicht zum Angriffe, dem Schertlin's kleine Schar nicht zu widerstehen vermocht hätte, übergehen dürfte, liess dieser unter dem Schutze der Nacht durch seine Leute eine so ausgedehnte Front in der Flanke und im Rücken des Gegners annehmen, und durch Schreien und Schiessen, sowie mit Trommeln und Hörnern solchen Lärm schlagen, dass die Türken, sich von einer Uebermacht umfasst wähnend, eiligst das Lager abbrachen und den Rückzug gegen Leobersdorf antraten. Bei Tagesanbruch begünstigte ein dichter Nebel das Vorgehen Schertlin's, und der Rückzug der feindlichen Scharen, von welchen einzelne Haufen unterwegs abfielen und sich gegen Süden wandten, artete bald in wilde Flucht aus.[2])

Mittlerweile hatte der Pfalzgraf Schertlin's Botschaft empfangen, und eine Stunde vor Tagesanbruch (19. September) sein Lager alarmiert. Um den Feind zu empfangen und am Ausbruche in die Ebene zu hindern, bezog der Pfalzgraf eine Stellung am linken Ufer des Triestingbaches, von welcher aus er mit seinen Geschützen — es sollen deren

---

Unsicht abgelegt (Becker, S. 253 und 254, und Göbel, Beiträge, S. 315, »von einem Scharmutzel« und »Aus einem Brief der von Augsburg Hauptmann«).

²) Kasimbeg soll, ehe er aus dem Lager aufbrach, an 4000 christliche Gefangene haben abschlachten lassen. Abgesehen davon, dass bei der Eile des Aufbruches kaum Zeit gewesen sein kann, ein solches Blutbad anzurichten, sagt der Bericht bei Göbel ausdrücklich, dass während des Kampfes den Türken gefangene Weiber und Kinder abgenommen wurden.

70 gewesen sein — den Ausgang des Thales bestreichen konnte. Als nun die Türken, hier angelangt, die zum Kampfe bereiten Scharen vor sich sahen, wurden sie von panischem Schrecken erfasst. Unfähig stehen zu bleiben, schob der nachdrängende Haufe unaufhaltsam vorwärts. Während das Geschützfeuer in der andrängenden Masse zu wirken begann, warfen sich Reiter und Fussgänger theils rechts abspringend über den Bach, um jenseits durch den Wald und über Enzesfeld fliehend, Schutz zu suchen, theils auf den linken Flügel der Reichstruppen bei Leobersdorf, den sie nach erbittertem Kampfe mit dem Säbel verdrängten, um sich in die Ebene zu ergiessen.[10]) Letztere wurden von den schlesischen Reitern verfolgt und in den Sumpf südlich von Schönau gedrängt, wo ihre ermatteten Pferde den Dienst versagten; zu Fuss setzten sie den Kampf noch fort, viele wurden getödtet, andere flüchteten in den nahen Föhrenwald.

Kasimbeg selbst, der mit dem grössten Theil der Reiter schon zu Beginn des Gefechtes über den Bach gegen Enzesfeld ausgebrochen war, scheint hier gefallen zu sein.[11]) Seine Schar floh unter Führung Osman's, von leichten Reitern verfolgt, längs des Gebirges nach Süden, und traf in der Nähe von Weikersdorf[12]) auf die aus Steiermark zurückkehrenden Reiter Katzianer's[13]) und Ungrad's, von welchen sie in der Front angegriffen, zerstreut und fast aufgerieben wurden. Die Reste dieser Schar flohen gegen Neunkirchen und fielen an der Schwarza in die Hände der Reiter Joachim's von Brandenburg, von welchen sie vollständig vernichtet wurden.

[10]) Dass ein Theil der Fliehenden in einem Sumpfe umkam, wird von mehreren Seiten bestätigt; ob unter dem Sumpfe der Teich oder die Stelle des jetzigen Schlossparkes zu Schönau, welche wohl auch versumpft gewesen sein könnte, gemeint ist, lässt sich nicht entscheiden. Jedenfalls müssen die Fliehenden die Stellung des Pfalzgrafen am linken Flügel durchbrochen haben.

[11]) Kasimbeg's Panzerstecher, der hier erbeutet wurde, befindet sich im kaiserlichen Museum.

[12]) Der Uebergang über den Semmering war bei Schottwien durch eine Befestigung gesperrt. Der Zusammenstoss der fliehenden Türken mit der eben aus Steiermark zurückkehrenden Schar Katzianer's war wohl nur Zufall.

[13]) Katzianer, der später mit dem Oberbefehl in Krain betraut wurde, unternahm im Jahre 1537 unter ungünstigen Verhältnissen einen Zug gegen die Türken gegen Essegg, der unglücklich ausfiel und die Vernichtung fast seines ganzen Heeres zur Folge hatte. Selbst durch die Flucht gerettet, wurde er in Untersuchung gezogen und entfloh, als man ihn des Einverständnisses mit den Türken beschuldigte, nach Kostanizia, wo er ermordet wurde. Der Reiterführer Bakić, welcher mit Katzianer gezogen war, fand den Tod bei einem Gefechte in der Nähe von Essegg.

Ueber die Stärke der Türken, als sie noch im Lager zu Pottenstein standen, ist man wohl nicht im Klaren: der Verlust aber, den
sie an Gefallenen am 19. September erlitten, kann immerhin auf 6000
bis 8000 geschätzt werden.[14]

Jene Scharen der Türken, welche gleich nach der Alarmierung
des Lagers durch Schertlin aus demselben entwichen waren, verloren
sich in den umliegenden Thälern,
in welchen noch manche Orte, wie Uebersichtskarte zu den Kämpfen
Hörnstein und Piesting, verbrannt am 19. und 20. September 1532.
wurden.[15] Selbst bis Gutenstein
drangen noch einzelne Reiter vor.[16]
Eine Schar, vielleicht in der
Hoffnung, das Heer des Sultans
noch in Steiermark erreichen zu
können, drang in das Pittenthal
ein, wo sie durch die Bauern bei
Seebenstein über einen Felshang
gegen Scheiblingkirchen herab-
gestürzt wurden, welcher Fels noch
heute der Türkensturz heisst.[17]
Wenigen gelang es, noch nach
Ungarn gegen den Plattensee zu
entkommen: erschöpft und ermüdet,
wurden die meisten von den Bauern
niedergemacht.

Massstab 1 : 1,000,000.

Erst in der Nähe von Belgrad erfuhr der Sultan durch einzelne
Flüchtlinge das Schicksal der Scharen Kasimbeg's.[18]

Während der Sultan vor Güns lag, gelangte die nicht unbeträcht-
liche türkische Flotille stromaufwärts bis Ofen, wo sie unter Gritti's

[14] Becker, »Eine Kriegsepisode aus dem Jahre 1532«, S. 257.

[15] Stelzhammer, »Historisch-topographische Beschreibung des Dekanates Pottenstein«, S. 121.

[16] Das Türkenloch am Mirabach, unweit Pernitz, dürfte seinen Namen wohl
der Anwesenheit der Türken im Jahre 1532 verdanken.

[17] Der jetzt auf dem »Türkensturz« stehende Bau einer Burgruine wurde erst
zu Beginn dieses Jahrhunderts aufgeführt.

[18] Die türkischen Geschichtsschreiber sagen: »Kasim Woywoda war mit den
Akladschi durch die Schluchten des Leytha Geblrges gedrungen, und fand den Weg
durch die Ungläubigen versperrt, so dass er nirgends durchdringen konnte. Die
meisten Sieger fanden keinen Ausweg des Heiles, sie tranken den Trank des Mär-
tirerthums und marschirten ab ins Paradies.« (Buchholz, IV, S. 214.)

Befehl gestellt wurde, um Visegrád und Gran zu nehmen. Visegrád,
das nicht besetzt war, nahm Gritti mit der Besatzung der Flotille (bei
10.000 Mann) ohne Mühe; vor Gran aber fand er ernsten Widerstand.
Dort befehligte nicht mehr der Erzbischof Várday, welcher — verdächtig, wieder zu Zápolya übergehen zu wollen — zu Pressburg in
halber Gefangenschaft gehalten wurde, sondern Thomas Laskano, den
König Ferdinand mit 1000 Landsknechten dahin geschickt hatte, und
der von Bartholomäus Horváth mit den aufgebotenen erzbischöflichen
Lehensleuten kräftig unterstützt wurde. Gritti schloss nun die Stadt
auch zu Land ein und verhinderte mit der Flotille die Zufuhr zu
Wasser. Ferdinand's Flotille, deren Führer der Deutsche Corporanus
war, erhielt in Pressburg den Befehl, nach Komorn zu gehen und dort
die Ankunft von Schiffen mit schweren Geschützen abzuwarten. Ehe
aber die Verstärkung anlangte, machte die türkische, mit Fussvolk,
namentlich Bogenschützen, besetzte Flotille einen Angriff auf die bei
Komorn liegenden Schiffe. Von der Strömung benachtheiligt, verloren
die Türken anfangs vier Schiffe, bald aber nahm das Gefecht eine
andere Wendung, die Ueberzahl der Schiffe, sowie die Menge der
Geschosse, womit sie die Gegner überschütteten, brachte den Türken
den Sieg; Corporanus konnte von sechzig Schiffen nur die Hälfte zu-
rückbringen, die übrigen wurden versenkt oder fielen den Türken in
die Hände, da die Besatzung zu Land entfloh.[19]

Wenn dieser Kampf auch einen für die christliche Flotille ungünstigen Verlauf nahm, so war doch der Aufenthalt der Türken bei
Gran und der Widerstand, den die Fortsetzung der Fahrt ihrer
Flotille gegen Wien erlitt, eine der Hauptursachen, dass der Sultan
sich zum Rückzuge gezwungen sah.

Gran hielt sich noch. Nach mehreren Ausfällen der Besatzung
und nach einigen abgewiesenen Stürmen hoffte Gritti, mit der Zeit die
Stadt durch Hunger zur Uebergabe zu zwingen. Erst die Nachricht,
dass Katzianer zum Entsatze gegen Gran aufgebrochen wäre, veranlassten Gritti, die Belagerung aufzuheben und im October 1532 nach
Ofen zurückzukehren.[20]

Da während des Zuges Suleiman's der grösste Theil der wehrfähigen mohamedanischen Bevölkerung Bosnien verlassen hatte, benützte
Hans Pülcher, der Hauptmann der Uskoken, die Abwesenheit der

---

[19] Buchholz, IV, S. 110, Anmerkung.
[20] Fessler-Klein, Geschichte von Ungarn, III, S 456.

Türken. um mit Freiwilligen aus Krain dort einzufallen. Er zerstörte und plünderte in Bosnien einige Flecken und Schlösser. und kehrte mit Beute reich beladen und mit vielen Gefangenen sowie mit befreiten Christen zurück. Zur Wiedervergeltung fielen dann bei 3000 Türken über Istrien und die Karstgegend in Krain ein. Als sie. mit Raub beladen, zurückkehren wollten, trat ihnen am 30. Juli 1532 Hans Pülcher im Vereine mit Stephan Frangepan und dem Hauptmann am Karst, Jakob von Raunach, mit 800 Mann auf den Zengger Alpen entgegen und nahm ihnen ihren Raub nebst 500 gefangenen Christen wieder ab. Gegen 1000 Türken sollen damals im Kampfe gefallen sein.

Achtes Capitel.

Als Kaiser Karl V. mit seinem Bruder am 23. September 1532 nach Wien kam, hatte sich daselbst ein Heer von nahezu 90.000 Mann — 80.000 Mann Fussvolk, 6000 schwer bewaffnete Reiter — und eine beträchtliche Anzahl Geschütze angesammelt. Hätte man dieses Heer nach Ungarn führen können, so würde aller Wahrscheinlichkeit nach die Herrschaft Zápolya's bald ein Ende gefunden haben. Nach dem Abzuge der Türken aber, als alle Gefahr vorüber war, hatte der Kaiser den Entschluss gefasst, den Krieg nicht weiter fortzusetzen, sondern sich über Italien nach Spanien zu begeben. Einen Theil der Truppen nahm der Kaiser wieder mit sich; die nur zur Abwehr der Türken bestimmten Reichstruppen verweigerten den Kampf gegen Zápolya und wurden entlassen; nur die angeworbenen italienischen Truppen liess der Kaiser im Solde seines Bruders zurück; als ihnen aber der Sold nicht regelmässig gezahlt wurde, verjagten sie ihre Hauptleute und zogen plündernd in ihre Heimat. Auch die Böhmen und Mährer verweigerten die Heerfolge, und so verblieben fast nur das Fussvolk aus Tirol und der Grafschaft Pfirt nebst einigen Reitern, welche noch bereit waren, nach Ungarn zu ziehen.

Zu seinem Schmerze sah Ferdinand das stattliche Heer sich auflösen, und wagte nicht einmal selbst nach Ungarn zu gehen, wo ihn nur Klagen und Vorwürfe erwartet hätten.[1] Mit dem Reste der Truppen

---

[1] In einem Brief an seine Schwester, die verwitwete Königin Marie, de dato Wien, 2. October 1532, äussert sich König Ferdinand eingehend über die misslichen Verhältnisse, und erwähnt: »Hätte ich mehr zu erhalten gewusst, so würde ich in

— nicht viel mehr wie 5000 Mann — zog nun Katzianer, dem der Oberbefehl übertragen wurde, nach Ungarn. Er fühlte sich aber zu schwach, um weiter vorzudringen, und knüpfte mit Gritti. der von der Belagerung von Gran abgestanden war. Unterhandlungen an, die zu einem Waffenstillstand führten und den Abschluss eines Friedens anbahnen sollten. Da indessen die Herzoge von Baiern und der Landgraf von Hessen einem Ausgleiche Zápolya's mit Ferdinand entgegenarbeiteten, hatten die Verhandlungen zu keinem Erfolge geführt. Da traf aber aus Constantinopel die Nachricht ein, dass der Sultan sehr friedlich gesinnt wäre und ein Friede zustande kommen dürfte.

———————

Der nicht eben sehr erfolgreiche Ausgang des letzten Feldzuges. die Einnahme Korons auf Morea durch Doria und die Kriegspläne gegen Persien hatten den Sultan gegen Ferdinand viel friedliebender gestimmt und trugen wesentlich dazu bei, die Unterhandlungen, welche dieser in Constantinopel anknüpfte, zu erleichtern und zu beschleunigen. Das Begehren um sicheres Geleite für eine Botschaft wurde gleich gewährt, und der Gesandte, Hieronymus von Zara, konnte seine Reise so beschleunigen, dass er schon am 12. Januar 1533 in Constantinopel anlangte. und wenige Tage später vom Sultan und vom Grossvezier empfangen wurde. Der Sultan gestand nun auf Grund des gegenwärtigen Besitzes einen Waffenstillstand zu und erklärte. den König Ferdinand zu seinem Sohne anzunehmen, nur möge der König als Zeichen seiner Ergebenheit die Schlüssel von Gran übersenden. ohne dass deshalb der Besitz der Stadt beansprucht würde.[2]) Auch zum Abschlusse eines Waffenstillstandes mit dem Kaiser und dem Papste erklärte sich der Sultan gegen Rückgabe von Koron, welche Festung letzterer dem Johanniterorden zuzuweisen wünschte, bereit. Hierüber musste Hieronymus weitere Verhaltungsbefehle einholen und sandte seinen Sohn Vespasian von Zara in Begleitung eines Tschausch nach Wien. Es war dies der erste Botschafter des Sultans, der mit grosser Feierlichkeit empfangen und mit einem Antwortschreiben rückgesendet wurde. in welchem Ferdinand sich zur Annahme eines Friedens bereit

Person nach Ungarn gegangen sein, aber mit so wenig Macht hat es mir weder rathsam noch ausführbar erschienen, und ich muss das jetzt Gott befehlen, und an einen Frieden denken, so wie man ihn wird haben können.« (Buchholz, Band IV, S. 117.)

²) Die Auslieferung der Schlüssel fand Anstoss bei den ungarischen Magnaten; König Ferdinand beschwichtigte sie aber damit, dass er naiv meinte, wenn man welche brauchte, könne man ja andere machen lassen. Suleiman wies übrigens die Schlüssel bei der Uebergabe durch Hieronymus lächelnd zurück.

erklärte. Während dieser Verhandlungen verständigte Hieronymus von Zara die Befehlshaber an den Grenzen von dem Abschlusse des Waffenstillstandes und ermahnte sie ernstlich, sich jeder Feindseligkeit zu enthalten.[3]) Ferdinand schickte Anfangs 1534 den Rath Duplicius Cornelius Schepper auf Wunsch des Kaisers Karl nach Constantinopel, der die Interessen des letzteren wahren sollte, ohne als dessen Gesandter aufzutreten.

Bei den sich nun entwickelnden Unterhandlungen, die sich noch lange hinzogen, liess Ibrahim den Gesandten seinen ganzen Hochmuth fühlen und glaubte dem König Ferdinand besonderes Wohlwollen zu zeigen, wenn er sich als dessen Bruder bezeichnete. Da die Gesandten seine langen Reden meist schweigend anhörten, zeigte er sich sehr entgegenkommend; sie setzten zwar nicht durch, dass der Sultan »seinem Sohne« Ferdinand ganz Ungarn überliess, weil — wie Ibrahim hervorhob — er es bereits dem König Johann geschenkt habe, doch würde er seine Zustimmung nicht versagen, wenn Ferdinand seinen Gegner freiwillig zur Abtretung des Landes bewegen könnte. In feierlicher Audienz erklärte der Sultan sodann am 23. Juni, dass Ferdinand so lange Frieden haben könne, als er selbst wolle und ihn nicht breche, und dass er für seinen Sohn alles thun werde, ja ihn auf seinen Wunsch selbst mit Geld und Truppen unterstützen wolle. Auch der Königin Marie sollten die ihr in Ungarn als Witthum verschriebenen Einkünfte sichergestellt werden. Um diese Frage zu regeln und die Grenzen zwischen den Besitzungen beider Gegenkönige festzustellen, sollte Gritti nach Ungarn geschickt werden. Dagegen sollte Kaiser Karl V. nur dann den Frieden erhalten, wenn er selbst darum ansuchen würde.

Unterdessen hatten sich aber die Verhältnisse der Pforte zu Oesterreich geändert. Koron war von den Türken erobert worden; Ibrahim war nach Asien gereist, um den Krieg gegen Persien vorzubereiten, und sein Stellvertreter Ajas Pascha hielt sich durch die Versprechungen desselben in keiner Weise für gebunden. Er und Gritti stellten geradezu in Abrede, dass die Zusicherung gemacht worden sei, Ferdinand solle seine Besitzungen in Ungarn ohne Störung behalten. Der Sultan selbst erklärte in der Abschiedsaudienz am 2. Juni 1534 zu Schepper in gereiztem Tone: »Das Königreich Ungarn gehört mir und ich habe in selbem meinen Sclaven Janus Kral eingesetzt, der nichts ohne mich thun kann. Ich habe ihm jenes Reich

---

³) Die betreffenden Schreiben sind alle in der Zeit vom 21. Januar bis 28. Februar 1825 aus Constantinopel datiert.

gegeben und kann es ihm wieder nehmen, wenn ich will. Ich kann
über dasselbe, wie über seine Bewohner, die alle meine Sclaven sind,
verfügen. Was Janus Kral thut, thut er in meinem Namen, daher
möge sich Ferdinand hüten, etwas gegen ihn zu unternehmen.« [1]) Nur
so viel wurde erreicht, dass Gritti nach Ungarn aufbrach, um zwischen
Ferdinand und Zápolya zu vermitteln. König Ferdinand hatte das
gewünscht, obwohl es sehr zweifelhaft war, ob dieser mit Versprechungen sehr freigebige, im übrigen aber sehr zweideutige Charakter
seine Sache fördern werde.

Als Gritti, der sich über Zápolya und seinen Anhang in Ungarn
stets verächtlich äusserte, im August 1534 in Begleitung von 2000 Türken
zu Kronstadt in Siebenbürgen eintraf, trat die Missstimmung gegen ihn
so deutlich an den Tag, dass die Ungarn sich weigerten, seinen Anordnungen Folge zu leisten. Hierüber aufgebracht, wollte sich Gritti
der Person des von Zápolya eingesetzten Wojwoden, des Grosswardeiner
Bischofs Emerich Czibak, bemächtigen, der, als er sich im Kampfe
verzweifelt wehrte, niedergemacht wurde. Diese blutige That erregte
jedoch den Hass der Ungarn noch mehr. Ein mit Hilfe Peter's, des
Wojwoden an der Moldau, in Eile zusammengezogenes Heer, an dessen
Spitze Stephan Mailáth — bisher als Anhänger Ferdinand's bekannt —
und Gotthard Kun standen, zog vor Mediasch, wohin Gritti sich geflüchtet hatte, und nöthigte ihn, sich zu ergeben. Mailáth liess ihm
das Haupt abschlagen. Wenn Ferdinand hoffte, der Sultan werde wegen
der Ermordung seines Bevollmächtigten Zápolya seine Gunst entziehen,
so war das eine arge Täuschung; er liess diesen ungeachtet der er-
wähnten Vorkommnisse doch nicht fallen, weil die Spaltung Ungarns
zu sehr seinem Interesse entsprach.

Die Verhandlungen, die zwischen Ferdinand und Zápolya geführt
wurden, zum Theil selbst mit Intervention des Kaisers, hatten keinen
Erfolg. Als im September 1535 der Pforten-Dolmetsch Junisbeg nach
Ungarn kam, um im Auftrage des Sultans eine Untersuchung über
den Mord Gritti's anzustellen, nahm Zápolya die Unterhandlungen mit
Ferdinand wieder mit mehr Ernst auf, doch scheiterten dieselben sowohl
an den unerhörten Forderungen seiner Gesandten, als auch an dem
Widerstand des Bruders Georg (wie sich Martinuzzi nannte), den
Zápolya zum Bischof von Grosswardein und zum obersten Schatz-
meister ernannt hatte. Durch seine umsichtige Verwaltung und grosse

---

[1]) Bericht Schepper's, Gesandtschaft König Ferdinand's 1534 (Gévay, S. 57).
Hammer lässt die Abschiedsaudienz noch am 2. Juni 1533 in Gegenwart Ibrahim's
stattfinden, was wohl unrichtig ist.

Sparsamkeit hatte Martinuzzi sich das Vertrauen seines Herrn in dem Masse erworben, dass sein Einfluss den aller anderen Grossen in den Hintergrund drängte. Ein bis zum nächsten Osterfeste (1537) verlängerter Waffenstillstand hinderte aber Zápolya's Truppenführer nicht, die Stadt Kaschau noch im December 1536 hinterlistig zu überfallen und dort schlimmer zu wüthen, als selbst die Türken.

Ebenso wie in Ungarn die Verhandlungen keinen Erfolg hatten, so schwanden auch die Aussichten, von der Pforte einen Frieden oder auch nur einen längeren Waffenstillstand zu erlangen. Wenn es auch von Seite der Pforte in den letzten Jahren wegen der Kriege gegen Persien und gegen Venedig zu einem vollständigen Bruche nicht kam, so währten doch die Raubzüge und Einfälle an der Grenze fort. Es war nach und nach zur Gewohnheit geworden, solche Einfälle, wenn sie keinen grossen Umfang annahmen, oder Ueberfälle auf Schlösser nicht als Bruch des Waffenstillstandes anzusehen.

Nicht ohne Grund wird in dem Berichte, welchen später die Gesandten Franz Rizi und der Freiherr von Sprinzenstein, die nicht mehr mit dem inzwischen in Ungnade gefallenen Ibrahim,[5] sondern mit dem Grossvezier Ajas Pascha zu verhandeln hatten, an König Ferdinand erstatteten, zum Schlusse auch angeführt: »Wenn Eure Majestät, was aller Reiche erste und höchste Pflicht, mehr den beständigen Frieden, als den fortwährenden Krieg vor Augen haben, würdet Ihr den Türken wenig Glauben schenken und werdet, wenn Eure Majestät die widersprechenden Antworten der Türken beachtet habet, in Eurer Weisheit leicht einsehen und für klug erachten, dass man fernerhin nicht Gesandte zum Hohne, sondern Heere zur Rache nach der Türkei sende.«[6]

Noch Jahre vergiengen in wiederholten Kämpfen, bis Oesterreich den Türken mit genügender Macht entgegentreten konnte. Ofen wurde 1543 von den Türken erobert und blieb durch 152 Jahre in ihrem

[5] Ibrahim, der sich in seinem Uebermuthe der Gunst des Sultans sicher wähnte, masste sich nach seiner Rückkehr aus Persien den Titel »Seraskier Sultan« an und erregte durch seine Macht, wie durch seinen unerhörten Reichthum, die Eifersucht Suleiman's, der ihn in einer Nacht des Ramazans (13. März 1536), als er sich wie gewöhnlich ins Serail begab, um dort zu speisen und dann im selben Schlafgemache mit dem Sultan zu übernachten, nicht ohne Kampf erwürgen liess (Hammer, Band II, S. 123).

[6] Gesandtschaftsbericht des Freiherrn Franz von Sprinzenstein an König Ferdinand aus den ersten Tagen des Octobers 1537 (Gévay, Urkunden etc. aus 1536 bis 1537, S. 26).

Besitz, und damit auch der grösste Theil Ungarns. Am 1. August 1664, bei St. Gotthard, gelang es das erstemal unter Montecuccoli's Befehl, die Türken in offener Feldschlacht zu besiegen. Nochmals, im Jahre 1683, machten die Türken den Versuch, sich der Stadt Wien zu bemächtigen; von Guido Graf Starhemberg durch 61 Tage vertheidigt, wurde die Stadt mit Hilfe deutscher und polnischer Truppen durch den Herzog Karl V. von Lothringen entsetzt. Erst den entschiedenen Siegen des Prinzen Eugen von Savoyen bei Zenta am 11. September 1697, bei Peterwardein am 5. August 1716 und bei Belgrad am 18. August 1717, dann des Feldmarschalls Laudon im Jahre 1788 gelang es, die Macht der Türken zu brechen und sie über die Grenzen Ungarns zu weisen, die sie seither mit einem grösseren Heere nicht mehr überschritten haben.

Raubzüge an den Grenzen der österreichisch-ungarischen Monarchie währten noch bis in dieses Jahrhundert, doch dürften auch diesen durch die gänzliche Umgestaltung der politischen Verhältnisse auf der Balkan-Halbinsel und durch die Stellung, welche die nun geeinte Monarchie gegen die Grenzländer einzunehmen berufen ist. für immer ein Ende genommen haben.